D1603272

¡ERES

un

CHINGÓN!

¡ERES

un
CHINGÓN!

JEN SINCERO

Título original: *You Are a Badass*

Traducción: José Ruiz Millán
Diseño de portada: Joshua McDonnell
Fotografía de la autora: © 2015 Brandon Soder
Diseño de interiores: Alejandra Romero

© 2013, Jen Sincero
Publicado originalmente por Running Press, miembro de Perseus Books Group

Todos los derechos reservados.

Derechos exclusivos en español para América Latina y Estados Unidos, publicados mediante acuerdo con Perseus Books, LLC, empresa subsidiaria de Hachette Book Group, Inc.

© 2017, Editorial Planeta Mexicana, S.A. de C.V.
Bajo el sello editorial DIANA M.R.
Avenida Presidente Masarik núm. 111, Piso 2
Colonia Polanco V Sección, Miguel Hidalgo
C.P. 11560, Ciudad de México
www.planetadelibros.com.mx

Primera edición en formato epub: febrero de 2017
ISBN: 978-607-07-3850-0

Primera edición: febrero de 2017
Décima segunda reimpresión: enero de 2020
ISBN: 978-607-07-3842-5

Impreso en los talleres de Litográfica Ingramex, S.A. de C.V.
Centeno núm. 162-1, colonia Granjas Esmeralda, Ciudad de México
Impreso y hecho en México – *Printed and made in Mexico*

INTRODUCCIÓN

Pueden empezar sin nada,
de la nada e incluso sin un camino,
entonces un camino será creado.

REVERENDO MICHAEL BERNARD BECKWITH,
antiguo fanático de las drogas,
convertido en fanático espiritual,
convertido en un inspirador chingón

Solía pensar que este tipo de citas eran pura basura. Tampoco entendía de qué demonios hablaban. Quiero decir que más bien no me importaban. Yo era lo suficientemente increíble como para que me importaran. Lo poco que sabía del mundo espiritual o de autoayuda era demasiado cursi: apestaba a desesperación, a iglesias motivacionales y a abrazos no deseados de extraños poco atractivos. Y mejor ni les cuento lo furiosa que me ponía al hablar de Dios.

Al mismo tiempo, había un montón de cosas en mi vida que quería cambiar con desesperación y, de haber podido destruir mis ilusiones de omnipotencia, habría aceptado un poco de ayuda. Digo, en general me iba bien: tenía un par de libros publicados, un montón de amigos fantásticos, una familia unida, un departamento, un auto que funcionaba, comida, dientes, ropa, agua limpia para beber; en comparación con la mayoría del mundo, mi vida era miel sobre hojuelas. Pero comparado con lo que yo sabía que era capaz de hacer, estaba, digamos, poco impresionada.

Siempre me sentía como: «Vamos, ¿esto es lo más que puedo hacer? ¿En serio? ¿Voy a ganar sólo lo suficiente para pagar la renta de este mes? ¿Otra vez? ¿Y voy a pasar otro año saliendo con un montón de tipos raros para poder tener relaciones tambaleantes y escasas de compromiso, y así agregar aún más drama a mi vida? ¿En serio? ¿Y de verdad seguiré cuestionando mi razón de ser y regodeándome en la miseria de mi desmadre por millonésima vez?».

Era. Muy. Aburrido.

Todo parecía como si sólo estuviera haciendo lo necesario para vivir una vida aburrida con ocasionales chispazos de genialidad por aquí y por allá. Y lo más doloroso era que en el fondo *sabía* que era una *rock star*, que tenía el poder de dar y recibir amor como los grandes, que podía brincar al edificio más alto de un solo salto y podía crear lo que mi mente quisiera y... «¿Qué es eso? ¿Me pusieron la araña? Debe de ser una broma, tengo que verla. No me alcanza para pagar esto. ¡Es la tercera del mes! Voy a ir a hablar con ellos ahorita mismo...». Y tan tan, me iba, agobiada por trivialidades sólo para encontrarme, unas cuantas semanas después, pensando a dónde se había ido ese tiempo y cómo era posible que siguiera atorada en mi raquítico departamento comiendo tacos de un dólar sola cada noche.

Asumo que si estás leyendo esto es porque hay algunas áreas en tu vida que tampoco se ven muy bien que digamos y sabes que podrían estar mucho mejor. Tal vez vives con tu alma gemela y le compartes con alegría tus dones al mundo, pero eres tan pobre que tu perro tiene que buscar su propio alimento si quiere comer. Tal vez te va de maravilla con el dinero y tienes una conexión profunda con tu razón de ser, pero no recuerdas cuándo fue la última vez que reíste tanto que mojaste los pantalones. O tal vez eres muy malo en todo lo anteriormente mencionado y sólo pasas tu tiempo libre llorando. O tomando. O gritándole a los encargados del parquímetro que tienen un reloj exacto, pero nada de sentido del humor y que, en gran medida, son los culpables de tu crisis financiera, según tú. O tal vez tengas todo lo que siempre quisiste, pero por alguna razón aún te sientes insatisfecho.

Esto no tiene que ver necesariamente con ganar millones de dólares, o con ayudar a resolver los problemas del mundo, o con tener tu propio programa de televisión, a menos que eso sea realmente lo tuyo. Tu vocación podría ser simplemente cuidar a tu familia o cultivar el tulipán perfecto.

Esto se trata de tener muy claro qué es lo que te hace feliz y te hace sentir más vivo que nada, y después crearlo en lugar de pensar que no lo puedes tener o que no mereces tenerlo. O que eres un imbécil egocentrista por querer más de lo que ya tienes. O por escuchar a papá y a la tía María sobre lo que ellos creen que «deberías» estar haciendo.

Se trata de tener las pelotas para ser el más brillante, el más feliz, el más chingón que puedas ser, sin importar cómo crees que se ve eso.

La buena noticia es que para lograrlo sólo tienes que hacer un simple y pequeño cambio:

Tienes que dejar de **querer** cambiar tu vida y mejor **decidir** cambiar tu vida.

Querer se puede hacer mientras estás sentado en el sillón con una pipa en la mano y una revista de viajes en las piernas.

Decidir significa entregarte por completo, hacer todo lo que sea necesario e ir detrás de tus sueños con la tenacidad de la porrista que aún no tiene con quién ir a la graduación la semana de la fiesta.

Quizá tengas que hacer cosas que nunca imaginaste hacer, pues si alguno de tus amigos te viera haciéndolas o gastando dinero en ellas, te lo recordarían por siempre, se preocuparían por ti o dejarían de ser tus amigos porque ahora eres «el raro». Tendrás que creer en cosas que no puedes ver, así como en cosas que sabes que, sin duda alguna, son imposibles. Vas a tener que ver más allá de tus miedos, fallar una y otra vez y crear el hábito de hacer cosas con las que tal vez no te sientas tan cómodo. Vas a tener que deshacerte de viejas creencias que sólo te han limitado y aferrarte al deseo de crear la vida que deseas como si tu vida misma dependiera de ello.

Porque, ¿adivina qué?, tu vida sí depende de ello.

A pesar de lo desafiante que esto puede sonar, no es tan brutal como despertar a medianoche sintiendo como si un auto se hubiera estacionado sobre tu pecho aplastándote, al darte cuenta de que tu vida pasa a toda velocidad y aún no empiezas a vivirla de alguna manera que tenga sentido para ti.

Tal vez has escuchado historias sobre ese tipo de personas que se dieron cuenta de algo importante sólo cuando parecían estar a punto de tocar fondo, ya sea porque les encontraron un tumor, se quedaron sin electricidad o estuvieron a sólo unos segundos de tener sexo con un extraño para tener suficiente dinero y así poder comprar drogas, cuando de la nada despertaron transformados. Pero tú no tienes que esperar a tocar fondo para empezar a salir del hoyo. Lo único que tienes que hacer es tomar la decisión. Y la puedes tomar en este momento.

La poeta Anaïs Nin tiene una gran frase que dice: «Y llegó el día en que el riesgo que corría por quedarse apretado dentro del capullo era más doloroso que el riesgo que corría por florecer». Así fue para mí y creo que también para la mayoría de las personas. Mi viaje fue, y sigue siendo, un proceso que empezó con mi *decisión* de hacer grandes cambios, sin importar lo que tuviera que hacer para lograrlo. Nada de lo que había hecho antes estaba funcionando: ni reflexionar una y otra vez con mis amigos igual de pobres que yo, ni ir con mi terapeuta, ni trabajar sin parar hasta que me doliera el trasero, ni salir por una cerveza y esperar a que todo se solucionara solo… Estaba en un punto en el que intentaba de todo para salir adelante y, Dios mío, Dios, Dios, Dios mío, parecía que el universo estaba probando qué tan en serio lo decía.

Fui a seminarios motivacionales en los que me obligaban a usar una etiqueta con mi nombre y a chocar la mano con la persona al lado mío mientras gritaba: «¡Eres genial y yo también lo soy!». Golpeé una almohada con un bate de béisbol y grité como si me estuviera incendiando, me hice amiga de una guía espiritual, participé en una ceremonia grupal en la que me casé conmigo misma, le escribí una carta de amor a mi útero, leí todos los libros de autoayuda que existen en la faz de la Tierra y gasté cantidades escalofriantes de dinero, que no tenía, contratando *coaches* personales.

En pocas palabras: me sacrifiqué por mí misma.

Si eres nuevo en el mundo de la autoayuda espero que este libro sirva como introducción a los conceptos básicos que cambiaron mi vida por completo para que tú también puedas tener un avance sin querer salir corriendo y gritando antes de lograrlo. Si ya habías metido antes el pie en la laguna de la autoayuda, espero decirte algo innovador que pueda iluminarte para que logres hacer grandes cambios, tengas resultados tangibles y algún día puedas despertar llorando lágrimas de felicidad ante la incredulidad de saber que puedes ser tú mismo.

Y si puedo evitar que una sola persona tenga que sacar a su niño interior a jugar, entonces habré hecho mi trabajo.

Cuando comencé a trabajar en mí, mi principal objetivo era ganar dinero. No tenía idea de cómo hacerlo de manera constante y hasta me parecía raro admitir que eso era lo que en realidad quería. Era escritora y música, creía que con eso era suficiente —y muy noble por cierto, gracias—: enfocarme sólo en mi arte y dejar que el asunto del dinero se solucionara por su cuenta. ¡*Eso* resultó muy bien! Pero veía a tantas personas haciendo cosas tan ruines y dolorosas para ganar dinero, y eso sin mencionar a toda esa gente que tenía trabajos tan aburridos como una muerte ocasionada por miles de cortadas. Yo no quería ser parte de todo eso. Si a eso le sumaba mi montaña de agobiantes creencias acerca del diabólico dinero, entonces era realmente maravilloso que no estuviera comiendo de un basurero.

Finalmente, me di cuenta de que tenía que enfocarme no sólo en ganar dinero, sino que también tenía que deshacerme del miedo y el odio hacia este, si en realidad quería comenzar a atraerlo. Fue entonces cuando los libros de autoayuda empezaron a infiltrarse en mi casa y las etiquetas con mi nombre asumieron su lugar obligatorio sobre mi seno izquierdo. Poco a poco, llevé la deuda de mi tarjeta de crédito a un límite inimaginable, pagué más que por todos mis autos defectuosos juntos y contraté un entrenador motivacional personalizado. En los primeros seis meses tripliqué mis ingresos gracias a un negocio que creé para entrenar escritores. Y ahora ha crecido tanto que me permite tener los medios y los lujos para viajar por el mundo como me plazca mientras escribo, toco música y entreno gente en todas las áreas de sus vidas, usando conceptos con los que antes volteaba la mirada, pero con los que ahora estoy obsesionada.

Para ayudarte a que tú también llegues a donde quieres ir, te pediré que a lo largo del libro me sigas la corriente con algunas cosas que tal vez te sonarán muy locas y por eso te animo a que estés dispuesto a tener la mente abierta. No, pensándolo bien, quiero gritártelo en la cara: MANTÉN LA MENTE ABIERTA O TERMINARÁS JODIDO. Lo digo en serio. Es muy importante. Llegaste a donde estás ahora haciendo lo que sea que estás haciendo, así que, si tu situación actual no te resulta nada impresionante, es obvio que necesitas un cambio.

Si quieres vivir una vida que nunca has vivido, tienes que hacer cosas que nunca antes has hecho.

Si en este momento crees que eres un perdedor o no, no me importa; el hecho de que seas una persona instruida, que puedas darte el lujo de tener tiempo para leer este libro y el dinero para comprarlo es como llevar ventaja en el juego.

Esto no es para que te sientas culpable, para que te quejes o te sientas superior a los demás. Pero sí es algo que puedes agradecer, y si decides realmente tratar de conseguirlo, quiero que sepas que estás en una muy buena posición para lograrlo y, de esta manera, compartir tu genialidad con el mundo, porque de eso se trata todo esto.

Necesitamos personas inteligentes con enormes corazones y mentes creativas para expresar toda la riqueza, los recursos y el apoyo que necesitan para hacer una diferencia en el mundo.

Necesitamos gente que se sienta feliz, realizada y amada, para que no arrojen su mierda a sí mismos o a otras personas, o al planeta y a nuestros amigos animales.

Necesitamos rodearnos de gente que irradie amor propio y abundancia, para que no programemos a las generaciones futuras con creencias tan tontas como: «El dinero es malo», «No sirvo para nada», «No puedo vivir como realmente quiero hacerlo».

Necesitamos gente chingona que viva sin problemas, en plenitud y con un propósito definido para que sean una fuente de inspiración, además de ser personas que también busquen la elevación.

Lo primero que voy a pedirte es que creas que vivimos en un mundo con posibilidades infinitas. No me importa si tienes toda una vida pensando que no puedes dejar de embutirte comida en la boca, o que la gente es mala por naturaleza, o que no podrías conservar una relación amorosa aun si estuvieras esposada al tobillo de la persona. Incluso así debes creer que todo es posible.

Ve qué pasa, ¿qué tienes que perder? Si tratas de terminar este libro y concluyes que es una porquería, puedes regresar a tu apestosa vida. Pero, tal vez, si haces a un lado tu escepticismo, te arremangas, tomas algunos riesgos y te avientas de cabeza, un día despertarás y te darás cuenta de que estás viviendo la vida que antes envidiabas.

PARTE 1

CÓMO LLEGASTE AQUÍ

CAPÍTULO 1

MI SUBCONSCIENTE ME OBLIGÓ

Eres víctima de las reglas con las que vives.

JENNY HOLZER, artista, pensadora,
brillante platicadora

Hace muchos años tuve un terrible accidente en el boliche. Mis amigos y yo estábamos en la recta final de un cerrado desempate y estaba tan enfocada en hacer un espectáculo de mi último tiro que entré en acción y vociferé mi inevitable triunfo, bailé y giré cuando ya estaba cerca de la victoria, pero no me di cuenta de en dónde estaban mis pies cuando solté la bola.

En ese momento me di cuenta de qué tan importante es para los jugadores de boliche que se penalice a quienes se pasen de la línea apenas un dedo. Vierten aceite o cera o lubricante o algo inimaginablemente resbaladizo sobre las líneas y, si alguien accidentalmente se resbala fuera de lugar mientras intenta el tiro perfecto, se encontrará volando con los pies sobre la cabeza y con el trasero chocando ante una superficie que ni siquiera una bola de boliche puede romper.

Unas semanas después, recostada en la cama con un chico que conocí en Macy's, le expliqué que desde mi accidente despertaba a la mitad de la noche gritando por el insoportable dolor que sentía en los pies. Según mi acupunturista, eso tenía que ver con los nervios en la espalda que lastimé al caer y, para poder dormir toda la noche, debía cambiar mi colchón por uno más firme.

—¡Yo también tengo dolores en los pies al dormir! —confesó él, levantándose para chocar los cinco, pero no le correspondí.

No es que no le haya chocado los cinco porque no me guste, más bien ya me había hartado de él. De por sí, siento que el proceso de comprar una cama es extraño y vergonzoso, además de tener que acostarte de lado con una almohada entre los muslos y que todo el mundo te vea como si les importara, pero tener que hacerlo con el dependiente de Macy's acostado a mi lado era mucho más de lo que podía tolerar.

No pude evitar darme cuenta de que los demás vendedores se mantenían al pie de la cama, escupiendo datos inservibles mientras sus clientes probaban una y otra posición, pero eso no hacía el mío. Él estaba acostado boca arriba a mi lado, con los brazos cruzados sobre su pecho, y hablaba sin parar, viendo fijamente el techo, como si estuviera en un campamento de verano. Era muy amable y conocía bastante sobre resortes, látex y *memory foam*, pero me daba miedo girar y que empezara a abrazarme.

¿Acaso fui demasiado amable? ¿Debí evitar preguntarle de dónde era? ¿Pensó algo diferente cuando acaricié el espacio vacío a mi lado para probar el colchón?

Obviamente debí haberle pedido a Bob el Raro que se bajara de la maldita cama o hubiera buscado a alguien más que me ayudara, en vez de salir a escondidas por la puerta y echar a perder mi única oportunidad de la semana para ir a comprar un colchón, pero no quería avergonzarlo.

¡*Yo* no quería avergonzarlo a *él*!

Así es más o menos como mi familia fue entrenada para lidiar con cualquier tipo de interacción incómoda. Además del método infalible de salir corriendo en la dirección opuesta, las otras herramientas en nuestra caja de confrontaciones incluían congelarse, hablar del clima, quedarse con la mente en blanco y llorar repentinamente tan pronto como estuvieras fuera de vista.

Nuestras fallas con relación a cómo resolver conflictos no eran tan sorpresivas, considerando que mi madre es descendiente de protestantes blancos anglosajones. Sus padres eran del tipo que creía que los hijos estaban para ser vistos y no oídos; veían cualquier demostración emocional con el mismo desprecio que solían guardar para el whisky barato y la educación que no fuera de una institución prestigiosa.

Y aunque mi madre logró crear un hogar cálido, afectuoso y lleno de risas como cualquier otro, tardé años en finalmente aprender cómo formar una oración cuando alguien decía la escalofriante frase: «Tenemos que hablar».

Todo esto es nada más para decir que no es tu culpa estar jodido. Es tu culpa si te *quedas* jodido, pero los cimientos de tu jodidez han sido transmitidos por generaciones, como un escudo de armas o como una deliciosa receta de pan de elote o, en mi caso, comparar cualquier confrontación con un paro cardiaco.

Cuando llegaste berreando a este planeta indudablemente fuiste una alegría, una criatura de ojos bien abiertos incapaz de hacer cualquier cosa más allá de vivir el momento. No tenías ni idea de que poseías un cuerpo, todo simplemente *sucedía*. No había nada en tu mundo que fuese aterrador, demasiado caro o tan pasado de moda que te preocupara. Si algo aparecía cerca de tu boca, lo chupabas; si aparecía cerca de tu mano, lo tomabas. Eras simplemente un *ser* humano.

Mientras explorabas y te expandías en tu nuevo mundo, también recibías mensajes de gente a tu alrededor sobre cómo eran las cosas. Desde el momento en el que pudiste comprenderlo, empezaron a llenar tu vida entera con creencias, muchas de las cuales no tienen nada que ver con quien realmente eres o con lo que básicamente es verdad. Por ejemplo: el mundo es un lugar peligroso, eres demasiado gordo, la homosexualidad es una maldición, el tamaño importa, no deberías tener pelo ahí, ir a la universidad es importante, ser músico o artista no es una verdadera profesión, etcétera.

La mayor parte de esta información provenía, por supuesto, de tus padres, con ayuda de la sociedad entera. Cuando tus padres te criaron, haciendo un esfuerzo genuino de protegerte, educarte y amarte con todo su corazón (eso espero), te transmitieron las creencias que aprendieron de sus padres, que a la vez aprendieron de sus padres y ellos también de sus padres… El problema es que muchas de estas creencias no tienen nada que ver con quienes *ellos* realmente son/eran o lo que básicamente es verdadero.

Entiendo que parece que estoy diciendo que todos estamos locos, pero eso es en parte porque lo estamos.

La mayoría de la gente vive en una ilusión basada en las creencias de alguien más.

Hasta que despiertan. Que es lo que espero ayudarte a hacer con este libro.

Funciona de la siguiente manera: como humanos tenemos una mente consciente y una subconsciente. La mayoría de nosotros sólo estamos al tanto de nuestra mente consciente; eso se debe a que ahí es donde procesamos toda la información. Es donde resolvemos cosas, juzgamos, nos obsesionamos, analizamos, criticamos, nos preocupamos de que nuestras orejas son demasiado grandes, decidimos de una vez por todas dejar de comer chatarra, entendemos que 2+2=4, tratamos de recordar dónde dejamos las llaves del coche, etcétera.

La mente consciente es como un estudiante destacado que pasa incansablemente de un pensamiento a otro y que sólo se detiene para dormir y, después, inicia todo de nuevo en el momento en el que abre los ojos. Nuestra mente consciente, conoci-

.da también como el lóbulo frontal, termina de desarrollarse hasta la pubertad.

Por otro lado, nuestra mente subconsciente es la parte no analítica del cerebro, que se desarrolla completamente desde el momento en el que llegamos a la Tierra. Tiene que ver con emociones, instintos, berrinches, y suele romper tímpanos en medio de una tienda. También es donde almacenamos toda la información exterior que recibimos al inicio de nuestras vidas.

La mente subconsciente cree todo porque no tiene filtro: no sabe diferenciar entre lo que es verdadero y lo que no lo es. Si nuestros padres nos dicen que nadie en la familia sabe cómo ganar dinero, les creemos. Si nos enseñan que estar casados es golpearse el uno al otro, les creemos. Les creemos aun cuando dicen que un tipo gordo vestido de rojo bajará por la chimenea a dejar regalos. ¿Por qué no creeríamos en toda la demás basura que nos dan de comer?

Nuestra mente subconsciente es como un pequeño que no entiende nada y no es coincidencia que a esa edad sea cuando reciba la mayor parte de la información y, por ende, no entendamos nada (porque nuestros lóbulos frontales, la parte consciente de nuestro cerebro, no se han terminado de formar). Recibimos la información mediante palabras, sonrisas, ceños fruncidos, suspiros profundos, levantamientos de cejas, lágrimas, risas y demás actitudes de las personas a nuestro alrededor, con la nula habilidad de filtrarlo y todo queda atascado en nuestras blandas mentes subconscientes como «la verdad» (también conocida como «creencias»), donde vive tranquilamente y sin analizarse hasta que estamos en el diván de un terapeuta décadas más tarde o cuando nos inscribimos, una vez más, en un centro de rehabilitación.

Puedo casi garantizarte que cada vez que te preguntas entre lágrimas: «¡¿Cuál es mi problema, carajo?!», la respuesta se esconde en una pobre, limitante y errónea creencia de tu subconsciente que llevas arrastrando sin darte cuenta. Lo que quiere decir que entenderlo es sumamente importante. Así que revisémoslo, ¿estás listo?

1. Nuestra mente subconsciente contiene el proyecto de nuestras vidas. Monta *el teatrito* basándose en información no filtrada que recolectó cuando éramos niños, conocida de otra manera como «nuestras creencias».
2. La gran mayoría somos completamente ajenos a estas creencias subconscientes que dirigen nuestras vidas.
3. Cuando nuestras mentes conscientes por fin se desarrollan y entran a trabajar, no importa qué tan grandes, inteligentes y presuntuosas crezcan, siguen siendo controladas por las creencias que instalamos en nuestras mentes subconscientes.

Nuestra mente consciente cree tener el control, pero no es cierto.

Nuestra mente subconsciente no piensa en nada, pero *sí* tiene el control.

Por esta razón, la mayoría de nosotros tropezamos por la vida haciendo lo que sabemos que nuestra mente consciente debe hacer, pero nos desconcierta no saber qué nos limita para crear las asombrosas vidas que queremos.

Por ejemplo, digamos que fuiste criado por un padre que constantemente tenía problemas para proveer dinero, que caminaba de un lado a otro pateando los muebles y gruñendo que el dinero no crecía en los árboles y que te ignoraba porque siempre hacía su mayor esfuerzo para obtenerlo y casi siempre fallaba. Tu subconsciente asimiló esto tal y como lo veía, y pudo haber desarrollado creencias como:

- Dinero = problemas
- El dinero es escaso
- El dinero tiene la culpa de que mi padre me haya abandonado
- El dinero es una porquería y causa sufrimiento

Avanzamos en la historia, y ahora eres un adulto que conscientemente amaría estar ganando los millones, pero subconscientemente desconfías del dinero, crees que es inalcanzable para ti y te preocupa que, si lo consigues, serás abandonado por alguien que amas. Por lo tanto, manifiestas estas creencias subconscientes al no tener un solo peso, sin importar qué tan *consciente* estés de querer ganarlo, o bien, constantemente ganas muchísimo dinero, pero lo pierdes de inmediato para evitar ser abandonado o tener cualquier otro tipo de problema.

No importa lo que digas que quieres; si tienes una creencia escondida en tu subconsciente que te haga creer que algo te causará daño o que no está disponible para ti, pasará una de dos cosas: A) no te permitirás tenerlo, o B) lo permitirás, pero estarás muy jodido a causa de esto y entonces lo perderás de todas maneras.

No nos damos cuenta de que al comer nuestra cuarta dona o al no hacerle caso a nuestra intuición y casarnos con ese tipo que es muy parecido a nuestro vil e infiel papi, le estamos haciendo caso a nuestra mente subconsciente y no a nuestra mente consciente.

Y cuando nuestras creencias subconscientes están desalineadas con las cosas y experiencias que queremos en nuestra mente consciente (y en nuestro corazón), se crean conflictos confusos entre lo que estamos tratando de crear y lo que realmente estamos creando. Es como si estuviéramos manejando con un pie en el acelerador y el otro en el freno. (Obviamente todos tenemos creencias subconscientes que resultan ser geniales, pero ahorita no estamos hablando de esas.)

Mente consciente: Quisiera encontrar a mi alma gemela y casarme con ella.
Mente subconsciente: La intimidad lleva al dolor y sufrimiento.
Dedo: Sin anillo.

Mente consciente: Quiero perder 12 kilos.
Mente subconsciente: No estoy seguro alrededor de la gente, debo construir un escudo para protegerme.
Cuerpo: Una flácida fortaleza.

Mente consciente: Soy guapa y sexy, quiero aprovecharlo.
Mente subconsciente: El placer físico es vergonzoso.
Vida sexual: Aburrida.

Mente consciente: Quiero viajar por el mundo.
Mente subconsciente: Divertirse = irresponsabilidad = nadie me amará.
Pasaporte: En blanco.

Es como no poder sentarte en tu patio nunca más porque hay algo asqueroso que apesta. Puedes tratar de pensar en varias maneras brillantes de lidiar con el problema: prender incienso, colocar ventiladores, echarle la culpa al perro; pero hasta que te des cuenta de que algo se arrastró debajo de tu casa y se murió ahí, tus problemas también seguirán ahí: apestando tu vida.

La primera llave para deshacerte de una creencia subconsciente limitante es darte cuenta de que está ahí, porque mientras no te des cuenta de lo que realmente está pasando, seguirás trabajando con tu mente consciente (pensarás que debes pintar el patio) para solucionar un problema que está enterrado muy por debajo (deshacerte de un zorrillo muerto), en tu subconsciente, lo que obviamente se vuelve un esfuerzo inútil.

Tómate un minuto para ver las no tan impresionantes áreas de tu vida y piensa en las creencias escondidas que las pudieron haber creado. Empecemos con uno de los temas favoritos de la gente: la falta de dinero, por ejemplo. ¿Estás ganando mucho menos dinero del que sabes que eres capaz de tener? ¿Has llegado a un nivel de ganancias en el que, sin importar lo que hagas, parece que no puedes avanzar? ¿Parece que generar dinero en abundancia y de manera constante es algo físicamente imposible para ti? Si es así, escribe las primeras cinco cosas en las que piensas cuando piensas en dinero. ¿Tu lista está llena de esperanza y ánimo, o de miedo y odio? ¿Cuáles son las creencias de tus padres acerca del dinero? ¿Cuáles son las creencias de las otras personas con las que creciste? ¿Cómo era su relación con el dinero? ¿Encuentras alguna conexión entre sus creencias y las tuyas?

Más adelante, te daré las herramientas para adentrarte en tus creencias subconscientes y arreglar lo que sea que te esté deteniendo para tener la vida que amarías vivir; pero, por ahora, practica el hacerte a un lado, date cuenta de las áreas disfuncionales de tu vida y estira tus músculos de la vista. Date cuenta de las historias que están trabajando en tu subconsciente (tendré que hacer cosas que odio para tener dinero, me sentiré atrapado si tengo una relación íntima, si inicio una dieta jamás volveré a comer algo divertido, si disfruto del sexo me quemaré en el infierno con el resto de los pecadores...), porque, una vez que te des cuenta de lo que realmente está pasando, empezarás a arrastrar los apestosos cadáveres de tus limitantes creencias subconscientes y a deshacerte de ellos, abriendo así un espacio para las nuevas e increíbles creencias y experiencias que amarías tener en tu vida.

CAPÍTULO 2

❦

LA PALABRA CON «D»

*Si quieres descubrir los secretos del universo,
piensa en términos de energía,
frecuencias y vibraciones.*

NIKOLA TESLA, inventor, físico, supergenio

Cuando viví en Albuquerque, Nuevo México, mis amigos y yo solíamos reunirnos en un bar de vaqueros llamado Rodeo de Medianoche. Era del tipo de bares que tiene rizadoras y spray para el cabello en el baño de mujeres, Bud Light en promoción permanente de dos dólares por lata y una pista de baile hecha de roble del tamaño de un maizal.

Todos éramos de la costa este y demasiado geniales como para escuchar música *country*, así que al principio sólo íbamos para burlarnos de todo lo que pasaba ahí, nos enorgullecía cuando alguien era el primero en encontrar una hebilla gigantesca o a un vaquero luciendo un bigote largo y curveado tan grande como para cubrir cinco labios enteros. Pero nuestra parte favorita era el baile en línea. Observábamos fascinados a la enorme multitud de fanáticos de Garth Brooks y de su coreografía, zapateando de un lado a otro, gritando en sincronía con los pulgares metidos a propósito en los bolsillos delanteros de sus pantalones.

Era tan gracioso que hasta empezamos a unirnos, saludando a nuestros amigos desde un mar de sombreros y gesticulando un «¡Mira esto!». Después, mmm, nos quedábamos en la pista de baile para la siguiente canción sólo para intentar perfeccionar esa parte en la que chocas los talones antes de dar un giro. Después nos encontramos yendo a escondidas todos los fines de semana para bailar alegremente como payasos de rodeo.

Más o menos así fue como me pasó con Dios. Empezó con mucho sarcasmo y miradas de hartazgo, pero en ese entonces era tan pobre, despistada y estaba tan harta de ser tan débil al no poder tener la vida que quería, que unas cuantas sugerencias no me caían nada mal. Esa es la razón por la cual, cuando empecé a leer libros sobre encontrar el sentido del ser, cómo ganar dinero y cómo superarme de una vez por todas, todos los libros tenían un tono espiritual. A diferencia de otras ocasiones, no consideré donarlos a la caridad con mi típica actitud de «Esta basura de Dios/espiritual es para perdedores», más bien decidí darle una oportunidad al famoso Dios. No tenía nada que perder. Literalmente. Y quién lo hubiera dicho, no todo era estúpido. Así que empecé a leer un poco más. Entonces, comencé a estudiarlo. Entonces, comencé a practicarlo. Entonces, me di cuenta de lo bien que me hacía sentir. Entonces, empecé a creer en Él. Entonces, me di cuenta de todos los cambios que empezaron a suceder en mi vida. Entonces, me obsesioné con Él, comencé a amarlo, cambié radicalmente mi vida con Él y empecé a enseñarlo. Ahora me dejo llevar por la ola, lanzando puñetazos al aire y gritándole al piloto: «¡Acelera, Wayne!».

Sin importar lo que pienses de Dios, déjame decirte que este cambio que quieres hacer en tu vida será mucho más fácil si mantienes la mente abierta. Llámalo como quieras, Dios, Diosa, el Tipo de Arriba, el Universo, Fuente de Energía, Poder Mayor, el Gran Poobah, Instinto, Intuición, Espíritu, la Fuerza, la Zona, el Señor, el Vórtice, la Madre Naturaleza, no importa. Personalmente me parece que la palabra Dios está un poco cargada de significado y prefiero Fuente de Energía, el Universo, el Vórtice, el Espíritu, la Madre (términos que usaré indistintamente a lo largo del libro, por cierto). No importa cómo decidas llamarlo, lo principal es que empieces a notar su presencia y una relación con la Fuente de Energía que te rodea y que está dentro de ti (que es parte de una misma energía) y que será tu mejor amigo si le das una oportunidad. Porque resulta que:

Todos nosotros estamos conectados a un poder ilimitado y la mayoría de nosotros sólo usa una pequeña fracción de él.

Nuestra energía se divierte en nuestros cuerpos; aprende, crece y evoluciona a lo largo de nuestro viaje corporal (al menos eso es lo que uno esperaría, aunque supongo que también es una opción adormilarnos, encogernos y mudarnos de regreso a la casa de nuestros padres) hasta que llegue a su fin y tengamos que seguir adelante… «¡Gracias por el aventón!». Darme cuenta de que estamos hechos de una Fuente de Energía y conectados a esta hizo que quisiera comprender de una mejor manera la espiritualidad y así tener una experiencia física tan increíble como me fuera posible. Déjame decirte que desde que decidí meterme al mundo de la espiritualidad todo ha sido demasiado increíble.

Cuando estoy conectada y en sintonía con la Fuente de Energía, soy mucho más poderosa, estoy más conectada con mi mundo físico y el mundo más allá; en general, soy mucho más feliz. Mientras más medite y más atención le preste a esta relación con mi superpoder invisible, puedo obtener de una manera más sencilla las cosas que quiero en mi vida y hacerlo de tal manera y a un ritmo tan rápido que se me pone la piel de gallina. Es como si por fin hubiera descubierto cómo usar mi varita mágica.

Si amar al Espíritu está mal, no quiero estar en lo correcto.

AQUÍ ESTÁ EL FUNDAMENTO DE TODO EL TRABAJO QUE HAREMOS JUNTOS PARA MEJORAR TU VIDA:

* El Universo está hecho de Fuente de Energía
* Toda la energía vibra a cierta frecuencia. Esto quiere decir que tú estás vibrando a cierta frecuencia y todo lo que desees y no desees también vibra con esa misma frecuencia
* Las vibraciones atraen vibraciones similares

Conocida de otra forma como la Ley de Atracción, la idea básica es esta: enfócate en lo que te hace sentir bien y encontrarás (atraerás) eso que te hace sentir bien.

Todos estamos atrayendo energía hacia nosotros en todo momento, te des cuenta o no. Cuando vibramos a una frecuencia baja (cuando te sientes pesimista, necesitado, victimizado, celoso, avergonzado, preocupado, hasta cuando estás convencido de que eres feo), pero esperamos una frecuencia alta (cosas geniales y experiencias increíbles), casi siempre terminamos decepcionados.

Necesitas elevar tu frecuencia para igualar la vibración que quieres sintonizar.

Es como tratar de escuchar una estación de radio específica, pero sintonizando otra frecuencia. Si tienes una cita romántica y quieres escuchar jazz suave, pero sintonizas el canal del congreso, no sólo te quedarás sin romance, sino que es más probable que atraigas una conversación sobre las leyes de migración de Estados Unidos en lugar de atraer un cuerpo cálido bajo la luz de las velas, listo para el amor.

El Universo igualará cualquier vibración que emitas. No puedes engañar al Universo.

Por eso, cuando vibras a una frecuencia alta, a veces parece que cosas geniales te llegan sin esfuerzo y pareces hasta tropezarte con la gente correcta y las oportunidades que necesitas (y lo mismo pasa viceversa). Como bien dijo Albert Einstein, «La coincidencia es la forma en la que Dios permanece anónimo».

Cuando aprendas a dominar de manera consciente el reino energético, cuando creas en lo que no puedes ver y logres mantener tu frecuencia más alta, emplearás tu poder interior para crear la realidad que deseas.

Así que, una vez más, el conocimiento es tu llave a la libertad. En cuanto te des cuenta de que puedes mejorar dramáticamente tu situación conectándote con la Fuente de Energía y elevando tu frecuencia, puedes hacerlo de una vez por todas (te enseñaré exactamente cómo hacerlo un poco más adelante), en vez de quedarte en ese apestoso hoyo con la sensación de que eres víctima de patéticas circunstancias, como meter una sopa de fideos al microondas y cenar solo o trabajar para alguien que hace que se te erice la piel.

Para realmente elevar tu vibración, tienes que creer que todo lo que quieres está disponible para ti. La mejor manera de mantener esa creencia viva es manteniéndote conectado con la Fuente de Energía.

Imagina que estamos rodeados de un enorme bufet lleno de increíbles experiencias, conocimientos, sentimientos, oportunidades, cosas, personas y maneras de compartir nuestros regalos con el mundo, lo único que tenemos que hacer es alinear nuestra energía con lo que queremos y entrar en acción inmediata para dejar que todo ese bien llegue a nuestras vidas. Esta acción inmediata de la que hablamos es fundamental. Desafortunadamente, no podemos quedarnos flotando en la alberca de nuestro vecino en un inflable con portavasos, bebiendo cocteles y emitiendo una alta frecuencia mientras esperamos que los unicornios caigan del cielo. Tenemos que entrar en acción. Una acción dedicada al cien por ciento.

El secreto es tener ambas partes, energía y acción, trabajando al unísono: si tu energía no está alineada correctamente con lo que deseas, con lo que en realidad deseas, cualquier tipo de acción que tomes requerirá un mayor esfuerzo para llegar a donde quieras ir, o tal vez ni siquiera te lleve ahí. De vez en cuando tendrás suerte y lo lograrás haciendo sólo una de las dos cosas, pero, si estás seguro de lo que realmente quieres (si estás seguro de no estar pensando en lo que crees que debes querer), cree que está disponible para ti; sin importar tus circunstancias mantente conectado a la Fuente de Energía y mantén tu frecuencia alta, entra en acción, y eventualmente lo lograrás.

¿Alguna vez has tenido un sueño en el que estás volando y la estás pasando bien, pero entonces te das cuenta de que… «Oye, espera un minuto, estoy volando, yo no puedo volar», y entonces caes y te estrellas contra el suelo sin poder levantarte? ¿Sin importar cuánto lo intentes? Así es como funcionan las creencias. Aunque parezca imposible, debes tener fe. En el momento en el que dejas de creer, revientas la burbuja y dejas de atraer la magia a tu vida.

La Fuerza está contigo.

Esto tampoco se trata solamente de creer y tener una alta frecuencia cuando el sol está sobre ti y los conejos brincan de un lado a otro. Esto se trata de creer que el sol siempre está por salir, hasta cuando las cosas parezcan inciertas o estén hechas una porquería.

André Gide, autor francés y temerario buscador de la verdad, dice de manera muy cierta: «No se descubren nuevos continentes si no se tiene el valor de perder de vista las viejas orillas». Esto se trata de creer que vivimos en un universo lleno de amor, amable y abundante, y no en uno grosero, mezquino y que quiere a otras personas más que a ti.

Esto se trata de que tu fe sea más grande que tu miedo.

CAPÍTULO 3

TAN PRESENTE
COMO UNA PALOMA

Si te sientes deprimido, estás viviendo en el pasado.
Si te sientes ansioso, estás viviendo en el futuro.
Si te sientes en paz, estás viviendo en el presente.

LAO-TSE, antiguo filósofo chino,
fundador del taoísmo; pudo haber sido un hombre
o una combinación mítica de varios,
nadie lo sabe a ciencia cierta

Un día estaba en clase de yoga y el instructor nos dijo a todos que adoptáramos la posición de la paloma: la postura en la que estiras una pierna detrás de ti, doblas la otra frente a ti y después te doblas hacia el frente con los brazos extendidos. Está bien si eres una paloma, pero es una de las posiciones que más odio porque mis caderas no se mueven de esa manera, duele y siempre me da miedo quedarme atorada.

Pero, aunque mi cuerpo me pida lo contrario, estoy en clase y lo voy a intentar; estoy determinada a «relajarme», aunque en voz baja le implore al profesor que nos cambie de postura, lo cual no sucede porque obviamente está demasiado ocupado hablando. Habla y habla sobre la conexión que tenemos con el Universo y nuestra respiración y el camino al verdadero conocimiento y…

«Santo cielo, amigo, ¿podrías apurarte? Creo que estoy a punto de romperme algo, estoy a punto de, oh, Dios, creo que me quedé atorada. ¿Cómo voy a salir de esta posición? Va a tener que venir y levantarme porque realmente estoy atorada...». Entonces, *woosh*...

Respiro. Apago los incansables gritos de mi cerebro, todo se queda en silencio y entonces me rindo. Siento cómo mi cuerpo se ajusta y entra con más profundidad que nunca a la pose. El dolor se ha ido. El pánico se ha ido. Soy una con el Universo. Pero entonces me doy cuenta de que creo que realmente sí estoy atorada y «en serio, qué demonios, amigo, ¿vas a hablar toda la noche? Llevamos cinco minutos en esta maldita posición y, por cierto, mi rodilla se siente caliente y no te vas a callar aunque crea que estás a punto de hacerlo, sólo sigues hablando y hablando...». Entonces, *woosh*... Me reconecto. Estoy de regreso en la Zona. Me derrito profundamente en la pose, me siento tan afortunada y conectada con algo verdaderamente más grande que yo.

Estos cambios entre el pánico en nuestras cabezas y el «respirar en el Ahora» son prácticamente como la mayoría de nosotros vive la vida. En vez de preocuparnos por la posibilidad de una cadera dislocada (el futuro) o lo mal que me sentí alguna vez practicando esa postura (el pasado), pude haberme regocijado con la magnificencia que estaba a mi alcance en ese momento.

Nunca dejará de sorprenderme el preciado tiempo que pasamos persiguiendo ardillas en nuestro cerebro, dejándonos llevar por el drama de nuestra vida, preocupándonos por el indeseable vello facial, buscando que todos nos quieran, justificando nuestras acciones, quejándonos de lo lento que está el internet, diseccionando la vida de algunos idiotas, aun cuando estamos sentados en medio de un milagro que está sucediendo aquí y ahora.

¡Estamos en un planeta que de alguna manera sabe cómo rotar sobre su propio eje y seguir un camino delimitado mientras avanza por el espacio! ¡Nuestros corazones laten! ¡Podemos ver! ¡Tenemos amor, risa, uñas, flores, música, medicina, montañas, panqués! ¡Vivimos en un Universo ilimitado inundado en milagros! El hecho de que no estemos tropezando una y otra vez inconsolablemente es asombroso. El Universo debe pensar: «¿Qué más tengo que hacer para despertar a estos tontos? ¿Hacer que el agua, su recurso más preciado, caiga del cielo?».

El Universo nos ama muchísimo y tanto quiere que seamos parte de este milagro que de vez en cuando nos hace pequeñas llamadas para que despertemos. Como cuando en las películas alguien libra la muerte por poco y está tan agradecido que brinca por la calle, ríe y abraza locamente a cada persona que se le pone en frente. De pronto, todos sus «problemas» desaparecen ante el milagro de estar vivo, hoy, que en este momento es lo único que importa en la pantalla. Conozco a alguien que fue succionado en una presa y estuvo a punto de morir; ahora habla de ese momento como uno de los más profundos, como una experiencia que lo ayudó a cambiar su vida. No es que le desee eso a alguien, pero ten en cuenta que si necesitas alguna catástrofe para lograr tu transformación, el Universo se encargará de concretarla.

El Universo también nos ha rodeado de los maestros perfectos. Los animales, por ejemplo. Los animales viven en el presente todo el tiempo y su poder secreto es atraernos a él. El perro de mi amiga se pone tan feliz de verla entrar cada vez que cruza la puerta que parece como si no la hubiera visto tras cuarenta años, aun si sólo ha estado fuera una hora. Estás aquí. Estoy aquí. Te amo. Me haré pipí ahora mismo para demostrarlo.

Los niños pequeños también son los guías perfectos. Los niños están tan envueltos por la alegría que les da dibujar, jugar o descubrir que rara vez comen o se bañan o duermen si no los obligamos. Constantemente están creando en un estado libre, concentrados en su felicidad, así que no tienen ni tiempo para preocuparse sobre lo que los demás piensan de ellos o por que tal vez no son tan talentosos como su vecina Lucy. Viven el momento. Hay diversión en ese momento. Fin del cuento.

Seríamos sabios si aprendiéramos más de los animales y de los bebés.

Todas las cosas que nos preocupa tanto crear y en lo que nos aferramos a ser, todo eso ya está aquí, ahora. El dinero que quieres ya existe, la persona a la que quieres conocer ya está viva, la experiencia que quieres tener ya está disponible, la idea que buscas para escribir esa canción brillante está aquí, esperando a que descargues la información. El conocimiento, la sabiduría, la felicidad, la conexión y el amor están aquí, agitando sus manos frente a tu cara, tratando de llamar tu atención. La vida que quieres está aquí, ahora.

¿De qué demonios estoy hablando? ¿Si ya está aquí, dónde está?

Me gusta pensar en ello como en la electricidad. Antes de la invención del foco, la mayoría de la gente no sabía que la electricidad existía. Aun así, estaba aquí, exactamente de la misma manera que está ahora, sólo no la habíamos descubierto. Fue hasta que se inventó el foco que tuvo nuestra atención. Tuvimos que aprender a manifestarla en nuestra realidad.

No es que las cosas y las oportunidades que queremos en la vida no existan aún.

Es que no estamos al tanto de su existencia (o no sabemos que en verdad podemos tenerlas).

37

Mientras más intentes estar en el presente y conectado con la Fuente de Energía, más apto serás para descargar ideas y aprovechar las oportunidades que normalmente perderías si estuvieras enfocado sólo en el parloteo de tu cerebro.

Hay una fantástica historia hindú sobre una mujer que quería conocer al dios Krishna, así que fue al bosque, cerró los ojos, rezó y meditó para tratar de hacer que el dios apareciera. De pronto, Krishna apareció caminando en el bosque y se acercó a ella. Pero, cuando el dios la tocó en el hombro, ella, aún sin abrir los ojos, le pidió que se fuera porque estaba meditando para conseguir un objetivo muy importante.

Cuando nos quedamos atrapados en nuestras propias cabezas, nos perdemos de lo que sí está disponible frente a nosotros en ese momento. Detente y piensa en cómo te sientes justo ahora. Siente cómo tu respiración entra y sale de tu cuerpo. Siente el aire en tu piel. Siente el latir de tu corazón. Siente cómo ven tus ojos. Cómo tus oídos escuchan. Presta atención a la energía que vibra dentro y fuera de ti. Apaga tus pensamientos y siente tu conexión con la Fuente de Energía. Res-pi-ra. No importa si tienes deudas escalofriantes o si no has hablado con tu madre en los últimos seis años; ahora mismo, en este momento, puedes encontrar paz y alegría en lo que simplemente sucede.

A los adultos con responsabilidades les gusta tener un cuerpo para cuidar e hipotecas para pagar, pero también se vale hacerte a un lado, alejarte del presente de vez en cuando. A veces necesitamos pensar y planificar el futuro, así como estudiar el pasado para aprender de él o reírte un poco, enterrarlo y olvidarlo para siempre. Si sólo nos detuviéramos para visitar ocasionalmente el pasado y el futuro, estaría bien, pero el tiempo que pasamos pensando en el «hubiera» y en el «¿cómo fue?», Dios, ¡desgasta muchísimo!

Mientras más tiempo pases en el presente, más enriquecedora será tu vida. Estar en el presente te ayuda a escapar de tu propia cabeza y a conectarte con la Fuente de Energía, lo que permite elevar tu frecuencia y atraer cosas con la misma frecuencia hacia ti. Todas esas situaciones y experiencias ya existen en las frecuencias altas, sólo te están esperando para iniciar la fiesta. Lo único que debes hacer es callarte, llegar y dejarlas entrar.

CAPÍTULO 4

EL GRAN BODRIO

*Querer ser alguien más es desperdiciar
la persona que ya eres.*

KURT COBAIN, sí sabes quién es este, ¿verdad?

Cuando empecé a meterme en el mundo de la autoayuda, hablaban mucho de algo llamado «ego»; eso me confundió muchísimo. Siempre pensé que el ego era ser engreído, presumido y «Voy a hablar y hablar sobre lo grandioso que soy y después te enseñaré mis músculos». Pero resulta que, aunque la arrogancia y la presunción (que por cierto son diferentes al amor propio y a la seguridad) sí son una parte del ego, no son, como después aprendí, todo lo que implica.

En la comunidad de la autoayuda y del mundo espiritual, «ego» se usa para referirse al «yo sombra» o al «yo falso», o a ti mismo cuando no haces nada más que lloriquear. Es la parte de nuestro interior que suele conducirnos cuando hacemos cosas como sabotear nuestra felicidad al engañar a nuestros esposos o esposas, porque en el interior creemos que no merecemos ser amados, o como cuando nos rehusamos a escuchar a nuestro corazón y a luchar por tener la exitosa carrera de actor que tanto quieres porque estás aterrorizado de que te vean como realmente eres, o como cuando hablas, hablas y hablas de lo grandiosos que son tus músculos porque en el fondo eres una persona insegura y necesitas la validación de alguien más.

En otras palabras, hay más de una manera de ahogarte en tu ego.

De aquí en adelante, me referiré al ego como el Gran Bodrio. O GB en corto. Creo que de esa manera será menos confuso. Además, creo que es más apropiado, ya que la razón más común de ser un perdedor (estar en bancarrota, salir con idiotas, llorar descontroladamente en público porque odiamos nuestras vidas) es que no hemos despertado y no nos hemos dado cuenta de lo verdaderamente poderosos que somos o de lo abundante que es nuestro Universo.

Muy bien, sigamos adelante.

El Gran Bodrio opera según tus creencias falsas y limitantes. Es la basura que metieron en tu subconsciente cuando eras niño y que no es compatible contigo, además de las decisiones que has tomado y que no son tan halagadoras o fortalecedoras. El GB encuentra su validación en personas ajenas (hago esto para ganarme tu amor, lo que pienses de mí es más importante que lo que pienso de mí); es reactivo (mis circunstancias controlan mi vida, soy una víctima); se basa en el miedo y está extremadamente comprometido a mantenerte seguro dentro de la realidad que has creado, basándote en esas creencias falsas (también conocida como tu zona de confort). El Gran Bodrio vive en el pasado y en el futuro, y cree que debes estar separado de todo lo que te rodea.

Por otro lado, tu «verdadero yo» o tu «yo superior» o tu «yo superhéroe» (tu yo, que no es el GB) es la parte de ti que opera según tu conexión con la Fuente de Energía. Encuentra su validación en tu interior (me amo y confío en mí, esto se siente bien para mí, tengo un propósito, soy amado); es proactivo (estoy en control de mi vida, creo que saldré y seré el mejor); está basado en el amor, y está comprometido a crear una realidad basada en tu potencial ilimitado en cuanto despiertes del Gran Bodrio. Tu verdadero yo vive en el presente y no encerrado en tu cabeza, cree completamente en los milagros y es uno con el Universo.

Todos experimentamos la vida en diferentes grados desde ambas perspectivas, y, aunque seriamente dudo que haya alguien que sea completamente libre del Gran Bodrio, la mayoría de las personas están tan centradas en el GB que se conforman con realidades que están muuuuuuuy por debajo de lo que les es posible.

De hecho, muy pocas personas saben realmente lo que está disponible. Vivimos en una sociedad anclada al miedo, que ama juzgar a la gente que despierta del Gran Bodrio, que sale de sus zonas de confort y que sigue a su corazón hacia rumbos desconocidos. Muchas veces dar un simple paso basado en la fe es catalogado como un acto de gran irresponsabilidad, egoísta o demente. Hasta que lo logras, entonces eres brillante. Esto se debe a que:

Ver que alguien se atreve a dar el salto puede ser increíblemente frustrante para alguien que lleva una vida entera justificando la razón por la cual no puede hacerlo.

Obviamente estoy generalizando, y seguramente habrá muchas personas que nos apoyarán, pero una de las primeras cosas con las que tendrás que lidiar cuando decidas despertar del Gran Bodrio y empieces a hacer grandes cambios en tu vida es la desaprobación de otras personas que siguen dormidas. Especialmente de las personas cercanas a ti, por más triste que suene.

Pueden expresar su incomodidad de muchas maneras: enojo, dolo, incomprensión, críticas, resoplando cada vez que hables de tu nuevo negocio o de tus nuevos amigos. Constantemente dirán que ya no eres como solías ser, fruncirán el ceño, se preocuparán, te molestarán, te bloquearán de sus redes sociales, etcétera.

«Shirley, ¿en serio vas a renunciar a tu trabajo corporativo para abrir un salón de uñas, cuando tienes dos hijos, una hipoteca y la presión alta? Muy pocos negocios son redituables y más en esta economía. ¿No te preocupa saber qué le pasará a tu familia si fallas?».

¡Por supuesto que a Shirley le preocupa lo que le pasará a su familia si falla! Despierta todas las noches agobiada por el pánico, pero está dando un paso más allá de su miedo para crear algo que la emociona, en vez de morir lenta y dolorosamente en una oficina a tu lado, mientras tú te quejas de lo seco que estuvo el pastel en la fiesta de cumpleaños que organizó tu jefe la semana pasada en la sala de conferencias.

Aunque normalmente lo hacen por amor y preocupación, dejar que otros embarren sus miedos y preocupaciones sobre ti es lo último que necesitas mientras fortaleces tus músculos de superhéroe para salir adelante y tomar riesgos, así que te recomiendo mantenerte callado cerca de personas que sabes que no tendrán nada positivo que decir. Mejor sal y busca a esas personas que ya están pateando traseros (o que están levantando su pie para hacerlo) o a gente que sabes que te apoyará, confía en ellos. Porque de por sí ya tienes tu propio circo interno con el cual lidiar mientras tratas de sobreponerte a las objeciones de tu GB.

El Gran Bodrio es como una madre italiana sobreprotectora que no sólo quiere evitar que salgas de casa, sino que quiere que vivas con ella para siempre. Sus intenciones son buenas, pero están basadas cien por ciento en el miedo. Mientras te quedes dentro, en la zona conocida, lejos de los riesgos, de tu realidad presente, el Gran Bodrio estará contento. Pero, si intentas escaparte de ella para ir a la alucinante fiesta que está allá afuera, tu sobreprotectora y controladora madre te va a arañar, rasguñar, gritar, morder, y se lanzará enfrente de tu nueva y próxima vida; en pocas palabras, va a hacer todo lo que le sea posible para detenerte y no va a ser nada agradable.

Sucede lo mismo que cuando dejas de fumar o abandonas las drogas y entras a la abstinencia. Por fin has dado un brinco adelante e hiciste algo que mejorará tu vida de manera exponencial, pero en los próximos días y semanas te sentirás peor que cuando estabas en tu etapa salvaje. Estás destruyendo toda esa porquería, deshaciéndote de toxinas, temblando, sudando, vomitando, preguntándote qué demonios te hizo pensar que lo que ahora intentas sería una buena idea. Es muy divertido.

Lo mismo pasa cuando nos deshacemos de nuestras creencias subconscientes y limitantes que nos han impedido dar ese brinco fuera de nuestra zona de confort. Es una desintoxicación de proporciones tan impactantes que a veces podríamos pensar que el Universo está conspirando contra nosotros: los árboles caen sobre nuestro auto, las computadoras se congelan, encontramos a nuestra pareja en la cama con nuestro mejor amigo, nos roban la identidad, nos enfermamos de gripa, nuestro techo se cae, nos sentamos en un chicle masticado. Pero, en realidad, el Gran Bodrio está creando este caos para sabotearnos y mantener todo como está, en lugar de dejarnos caminar hacia un desconocido, pero al mismo tiempo tan ansiado, nuevo territorio. Todas las personas exitosas conocen esto y han pasado por lo siguiente:

Al dar grandes pasos hacia adelante, la vida se vuelve una miseria antes de llegar al lujo.

Sé que esto tal vez suene descabellado, pero recuerda: tú creas tu realidad y has pasado una vida entera creando la que tienes en este momento bajo una serie de creencias limitantes. Cuando decidas reconectar estas creencias, hazlo con lo que verdaderamente está en tu corazón y crea un cambio masivo en ti y en tu mundo. De esta manera, prácticamente asesinarás al Gran Bodrio, pero irá por ti, como esa señora italiana, con el rodillo en la mano, elevado sobre su cabeza, para golpearte hasta que regreses a tu vieja vida. Somos criaturas muy poderosas, creamos nuestra realidad a través de energía enfocada, y, si nuestra mente subconsciente decide enfocarla en detenernos antes de tomar un riesgo porque está aterrorizada y en pánico, las cosas se pueden volver muy locas.

> El Gran Bodrio hará todo lo posible para detener tu
> cambio y crecimiento, especialmente porque estarás
> tratando de destrozar la identidad con la que tú y todo
> el mundo te conoce.

Nunca subestimes el poder del desprecio que vive en el Gran Bodrio.

A veces, el Gran Bodrio crea barreras emocionales para detenernos, en otras ocasiones se vuelve algo físico. Tengo un cliente que decidió renunciar a su aburrido pero muy asalariado trabajo para crear la compañía de sus sueños desde cero. No tenía ni idea de por dónde comenzar, de lo que quería hacer o de cómo iba a lograrlo, y, aunque tenía una familia que dependía de él y ninguna garantía o guía, decidió renunciar a su trabajo seguro porque estaba determinado a crear una vida que amara. En ese momento, el GB atacó. No tuvo una, sino dos llantas ponchadas un día después de haber tenido una sesión conmigo; además, su niñera chocó el auto de su esposa, mientras ella manejaba el auto de él, la tubería de agua debajo de su cocina explotó y, justo antes de que su primer gran negocio se firmara, un autobús lo atropelló (me da gusto poder decirles que se encuentra bien). Pero aun con todas esas excusas con las que pudo haber dicho: «Está bien, al demonio, tú ganas», nunca se rindió. Hoy es su propio jefe, hace lo que ama, viaja por el mundo, negocia tratos multimillonarios, tiene un enorme impacto en la vida de sus clientes, es creativo y les da un gran ejemplo a sus hijos sobre lo que significa vivir con propósito.

Un productor musical con el que trabajé decidió construir su propio estudio discográfico. Invirtió todo su dinero y esfuerzo para comprar el equipo de grabación, instrumentos musicales, amplificadores, hizo el cuarto a prueba de ruido y mucho más, pero justo cuando lo terminó, el lugar se incendió y todo se redujo a cenizas. En lugar de bajar las persianas, meterse a la cama y chuparse el dedo por los próximos dos años, recaudó los fondos que necesitaba para construir un mejor estudio y ahora *rockea* tan bien que puede escoger a los músicos con quienes quiere trabajar y vive una vida que antes sólo podía soñar.

Así que, si decides renunciar a un trabajo que lo único que hace es destruir tu alma y empiezas a construir la panadería de tus sueños, no te desanimes si un camión se estrella contra tu ventana principal y aplasta todos tus panqués. En lugar de pensar que se trata de una señal que te indica que nunca debiste abrir tu tienda, piensa que te estás deshaciendo de tu GB y te estás moviendo en la dirección correcta.

El crecimiento no es para los llorones y tampoco es tan doloroso como vivir la vida que tienes ahora si en realidad no te estás esforzando en lo más mínimo. Si quieres tomar el control de tu vida y deseas convertirla en algo espectacularmente único, como tú, igual que las personas de las que te conté, no te detengas por nada. Ten fe. Confía en que tu nueva vida ya está aquí y es mucho mejor que la vieja. Aférrate, aunque el Gran Bodrio haga un berrinche. No importa lo que pase, no pierdas el rumbo, porque no hay nada más genial que ver tu realidad transformada en algo que refleje a la perfección lo que en realidad eres.

⊙〰⊙

CAPÍTULO 5

LA AUTOPERCEPCIÓN ES UN ZOOLÓGICO

Estoy bien, no estoy bien.

El título de la autobiografía
aún no escrita de mi amiga Cynthia

T engo una amiga que es una gran profesionista. Es el tipo de persona que es tan articulada, poderosa, inteligente y naturalmente cautivadora que podría estar en el mostrador ordenando un burrito y yo empezaría a llorar y a gritar: «¡Eso es! ¡Sin frijoles refritos! ¡Ya la escuchaste!». Así que imaginen mi sorpresa cuando, después de una de sus pláticas, se dejó caer a mi lado y aceptó saber lo verdaderamente aburrida que había sido. También tengo amigos guapísimos que se creen horribles, clientes brillantes que creen que son el regalo de Dios a la humanidad y de un momento a otro tienen que ser revalidados por su autodiagnosticada ineptitud; tengo hasta una vecina emprendedora que no puede decidir si es una magnate de los negocios o si está a punto de ocasionar que su familia viva bajo un puente.

La autopercepción es un zoológico.

Pasamos la vida entera navegando sin rumbo entre nuestra infinita gloria y el miedo de que no sólo somos absolutamente

47

incapaces / injustos / perezosos / horribles, sino que sólo es cuestión de tiempo antes de que alguien más se dé cuenta. Nos torturamos incansablemente y ¿con qué propósito? Si podemos ver nuestra gloria (y sé que puedes verla), ¿por qué desperdiciamos nuestro precioso tiempo y energía pensando en las otras opciones? ¿Acaso la vida no sería más divertida, productiva y sexy si nos aferráramos a nuestro magnífico y encantador ser?

Es igual de fácil creer que somos asombrosos como creer que somos criaturas horribles.

Toma la misma cantidad de energía y la misma concentración, ¿entonces por qué preferimos tanto drama?

¿Alguna vez te has dado cuenta de cómo cuando alguien a quien admiras hace algo fenomenal no te sorprende y hasta te alegras por él o ella, pero no te sorprende? «¡Por supuesto que hizo algo fenomenal, es una persona fenomenal!». Pero que tú veas lo maravilloso que eres es como empujar un malvavisco gigante por una colina. «¡Sí, aquí vamos de nuevo, vamos, somos maravillosos! ¡Ooops! Se nos está resbalando, ¡se nos está resbalando por la izquierda! Empuja. Muy bien. ¡Estamos bien! Espera, ahora nos estamos resbalando por la derecha…». Corremos de un lado a otro, dando un paso adelante y catorce atrás cuando es completamente innecesario.

Mejor, trata de verte a través de los ojos de alguien que te admire. Ellos lo entienden, creen en ti ilimitada e indudablemente. Ellos no están conectados con tus inseguridades y creencias negativas sobre tu persona, lo único que ven es tu infinita gloria y potencial. Conviértete en uno de tus aficionados más acérrimos, vete a ti mismo desde afuera, desde donde tus propias dudas no puedan alcanzarte y contempla tu brillo.

Puedes escoger cómo ver tu realidad. Entonces, ¿por qué, cuando es turno de percibirte a ti mismo, escogerías ver algo distinto a una gran estrella de rock?

Eres un chingón. Lo fuiste cuando llegaste gritando a este mundo y lo sigues siendo ahora. De no ser así, ni el Universo te hubiera hecho caso. No te puedes equivocar lo suficiente como para que tu chingonería desaparezca. «Es tu esencia». Es quien eres y quien siempre serás; no la puedes perder.

Eres amado. Enormemente. Ferozmente. Incondicionalmente. El Universo se está volviendo loco por lo maravilloso que eres. Te tiene rodeado por un cálido y amoroso abrazo de oso. Quiere darte todo lo que desees, que seas feliz, que veas lo que él ve en ti.

Eres perfecto. Pensar cualquier otra cosa es tan inútil como pensar que un río tiene demasiadas curvas o que se mueve muy lento o que sus rápidos son demasiado veloces. ¿Quién lo dice? Estás en un viaje sin un inicio, mitad o final definido. No hay caminos equivocados, sólo existe el ser. Tu trabajo es ser lo mejor que puedas ser. Por eso estás aquí, pues esconderte de lo que realmente eres dejaría al mundo sin ti; eres el único tú que hay y que habrá. Repito: «Eres el único tú que hay y que habrá». No le niegues al mundo la oportunidad de disfrutar de tu brillo.

Todos somos perfectos en nuestra magnífica y jodida manera. Ríete de ti mismo. Ámate a ti mismo y a los demás. Regocíjate en esta ridiculez cósmica.

PARTE 2

CÓMO ACEPTAR TU CHINGONERÍA

CAPÍTULO 6

AMA QUIEN ERES

Si realmente nos amamos,
todo en nuestra vida funciona.

LOUISE HAY, autora, editora,
la madrina de la autoayuda que empezó
hace mucho tiempo, cuando todavía
no estaba de moda

Un día me encontraba perdiendo el tiempo en la casa de mi hermano Bobby, recostada en el sillón, viendo cómo su hijo de, en ese entonces, dos años, intentaba caminar. En algún momento del día alguien tiró algo de la mesa y mi sobrino se agachó para recogerlo. Bobby se dio la vuelta y me dijo: «¿Viste eso? El niño sabe exactamente cómo se hace. Dobla las rodillas, mantiene la espalda recta, la cadera cuadrada, el estómago plano. ¡Es impecable!».

Emocionado de ver un primer ejemplo tan perfecto, Bobby pasó los siguientes minutos tirando cosas al suelo: una cuchara, el control de la televisión, una lata de cerveza vacía; entonces, mi sobrino, con una postura perfecta, recogió todo mientras mi hermano describía la manera en la que lo hacía, el uso de sus músculos, su seriedad, el hecho de que lo hacía con gran elegancia a pesar de que su pañal estuviera sucio.

«Es increíble. El niño podría voltear un coche sin lastimarse la espalda. Yo apenas puedo ponerme los pantalones sin tener que ir al hospital».

Cuando nacemos, tenemos un conocimiento instintivo de algunos fundamentos básicos de la vida, como doblar las rodillas en lugar de la espalda para recoger una lata de cerveza del suelo y mucho más que eso. Al nacer, sabemos cómo confiar en nuestros instintos, cómo respirar profundo, cómo comer sólo cuando tenemos hambre, cómo no prestar atención a lo que los demás piensen de nuestra voz al cantar, de nuestro baile, de nuestros peinados. Sabemos cómo jugar, crear y amar sin restricciones. Entonces, al crecer y aprender de las personas que están a nuestro alrededor, intercambiamos ese conocimiento básico por creencias falsas y negativas, miedo, vergüenza y duda. Así es como terminamos con dolor físico y emocional. Entonces, buscamos calmar ese dolor con drogas, sexo, alcohol, televisión, Cheetos, etcétera. O nos conformamos con la mediocridad o crecemos ante la adversidad. Recuerda lo verdaderamente poderosos que somos y dedícate a reaprender todo lo que sabías al principio.

Es como si naciéramos con una enorme bolsa de dinero, más que suficiente para financiar cualquier sueño que tengamos, pero, en vez de seguir nuestros instintos y corazones, invertimos en lo que otras personas nos dicen. Algunas personas invierten en creer que son demasiado viejas para salir de fiesta, cuando lo que más aman es bailar; otros invierten en tener apariencia ruda y fría, cuando lo único que quieren es ser amados y tener una conexión personal con alguien; otros invierten en estar avergonzados de su sexualidad, en lugar de ser tan gloriosamente gays como puedan ser. Mientras seguimos comprando esas cosas que no son precisamente para nosotros, nuestra fortuna empieza a agotarse. No es sino hasta que nos reconectamos con quien verdaderamente somos cuando empezamos a invertir en lo que en realidad es para nosotros y empezamos a tener una vida plena, auténtica y llena de riquezas.

Si bien hay incontables maneras en las que nos hacemos daño, hay una en particular que es, sin duda, la más desenfrenada y devastadora: *invertimos todo en pensar que no somos lo suficientemente buenos.*

¡Llegamos como un paquete perfecto lleno de alegría y después nos encargamos de aprender cómo dejar de amarnos! ¡¿Qué tan ridículo e increíble es eso?! El amor propio, la cosa más simple y poderosa de todos los tiempos, sale volando por la ventana desde el primer momento en el que empezamos a recibir información del exterior.

No hablo de la arrogancia o del narcisismo, porque esas cosas también son un producto del miedo y de la falta de amor propio. Hablo de una conexión profunda con nuestro ser más elevado y una habilidad para perdonarnos en nuestro punto más bajo. Estoy hablando de amarnos lo suficiente como para no sentir culpa, resentimiento y evitar ser tan duros con nosotros mismos, y mejor elegir la compasión, la alegría y la gratitud.

Cuando somos felices y sentimos amor propio, las porquerías (propias y de otras personas) no nos afectan.

Imagínate qué sería de nuestro mundo si todos se amaran tanto como para no sentirse amenazados por las opiniones de los demás, por el color de piel, por la preferencia sexual, talentos, educación, posesiones materiales o la falta de estas, creencias religiosas, costumbres o por la tendencia general de permitirse ser lo que sea que se quiera ser. Imagínate lo diferente que sería tu realidad, y la de todos los que te rodean, si despertaras en la mañana seguro de tu amor propio y de lo importante que eres para el planeta. Si te olvidaras de la vergüenza, culpa, duda y odio *y te permitieras ser, hacer y tener todo lo que tu corazón desee.*

ESE es el mundo en el que quiero vivir.

Para poder perpetuar este amor propio tan radical que cambiará tu realidad, te dejo las mejores maneras para que vuelvas a enamorarte de ti mismo:

1. APRECIA LO ESPECIAL QUE ERES

Nunca habrá alguien exactamente como tú. Te otorgaron habilidades y talentos especiales para que los compartas con el mundo y, aunque todos tienen habilidades y talentos especiales, nadie usará los suyos de la misma manera que tú. Tienes una manera de ser y una perspectiva única. Eres el único que piensa como tú. Has creado tu propia y única realidad, estás viviendo tu vida siguiendo tu camino. Eres el único tú que habrá en la historia. Eres alguien muy importante.

2. AHÓGATE EN AFIRMACIONES

Créeme, no te haría esto si no tuviera que hacerlo, pero las afirmaciones funcionan. No tienes que decirlas frente al espejo, no tienes que abrazarte ni comprar una libreta con un arcoíris y un candado para usar como diario. Pero, si quieres darle la vuelta a tu vida, tienes que reconectar tu cerebro y entrenarlo para que piense de una manera diferente, para eso están las afirmaciones.

Descubre qué afirmaciones necesitas escuchar más y repítelas todo el día en tu cabeza, en el coche, mientras caminas por la calle y finges que hablas con alguien por teléfono, en voz baja mientras haces un trámite burocrático. Escríbete notitas y pégalas por la casa, en los espejos, en el refrigerador, en el auto. Escribe tus afirmaciones favoritas diez veces en la mañana y diez veces en la noche antes de dormir y léelas en voz alta.

Aquí hay algunas afirmaciones específicamente sobre el amor propio. Escoge una o dos que te funcionen y emociónate con ellas:

- ✦ Merezco y recibo enormes cantidades de amor en cada momento de cada día
- ✦ Soy uno con el Universo. El Universo es increíble y yo también lo soy
- ✦ Mi corazón está abierto. El amor fluye hacia adentro y hacia afuera
- ✦ Recibo todo lo bueno que el Universo me puede ofrecer
- ✦ Soy brillante, radiante y hermoso
- ✦ Amo lo alto que soy y el tamaño de mi trasero

O lo que quieras. Si ninguna de esas funciona, encuentra una frase que no te haga vomitar, pero que te inspire profundamente. *Mientras más emoción sientas al decir lo que sea que digas, tendrá un mayor poder para crear un cambio positivo.* Y sí, al principio puede parecer que te estás mintiendo, pero la verdad es que estás viviendo una mentira, así que las afirmaciones te llevarán de regreso a la verdad.

No puedes decir esto sólo por decirlo;
tienes que sentirlo, quererlo y emocionarte
por ello para que verdaderamente funcione.

3. HAZ COSAS QUE AMAS

Cuando constantemente te niegas a la gente, a la comida y a las cosas y experiencias que te hacen sentir vivo, mandas un mensaje muy asqueroso a casa.

Voltea a ver tu vida y ve en dónde te estás decepcionando. Si te escuchas diciendo cosas como: «¡Me encanta salir a escuchar música en vivo!, pero no recuerdo cuándo fue la última vez que lo hice», date un tiempo para hacerlo.

Todos estamos ocupados, pero es la gente que se da un tiempo para disfrutar de la vida quien verdaderamente… mmm… la disfruta. En este momento hay miles de personas en retiros de yoga con vista al mar, bailando en festivales de música al aire libre o gritando en el crucero de Disney al que siempre habían soñado ir. Escucha atentamente cómo hablas y pon atención a lo que haces; haz un esfuerzo consciente para incrementar tus niveles de alegría en donde te sea posible. Puede ser desde pasar una tarde entre semana con un amigo, hasta renunciar al trabajo que odias, comprar un par de zapatos completamente frívolos pero increíblemente maravillosos, hasta ir a surfear a Costa Rica. Se trata de ser proactivo, de crear una vida que amas y no una en la que te sientas atrapado. Date el regalo de una vida llena de alegría mientras sigues en el mundo de los vivos.

Por cierto, si eres del tipo de persona que pone las necesidades de los demás antes que las suyas, empieza a ponerte adelante. Las personas que están acostumbradas a tenerte como asistente personal seguirán amándote, aun si al principio se muestran molestas de que no estés ahí para servirles. Compra un nuevo par de pantalones, abre una cuenta de ahorros, contrata a alguien para que lave tus trastes, haz que tus hijos limpien el arenero del gato. No eres una persona egoísta si te cuidas a ti mismo, sólo alguien mucho más feliz. Cuídate como si fueras la persona más maravillosa que hayas conocido.

4. ENCUENTRA UN REEMPLAZO

Nos hemos acostumbrado tanto a nuestras reacciones negativas e involuntarias hacia nosotros mismos que nunca las cuestionamos; simplemente las aceptamos como la verdad, toda la verdad y nada más que la verdad. Pero una vez que reconocemos nuestros patrones y comportamientos, podemos cambiarlos de manera consciente. Así que empieza a poner atención:

* ¿Qué pasa por tu cabeza cada vez que te ves en el espejo?

* ¿Qué te pasa cada vez que ves a alguien teniendo éxito en algo que amas, pero que nunca te permitirías intentar?

* ¿Qué piensas y qué sientes cada vez que te acercas a un grupo de personas exitosas y absurdamente guapas?

* ¿O cuando haces tu mejor esfuerzo para lograr algo y de todas maneras fallas?

* ¿O cuando una persona completamente maravillosa y sexy termina una relación contigo?

* ¿O cuando caminas todo el día con la bragueta abierta?

* ¿O cuando dejas el café en el toldo de tu coche, pero no te das cuenta y arrancas?

* ¿O cuando decepcionas a un amigo?

* ¿O cuando te pegas con la mesa de la cocina en el dedo chiquito por décima vez?

* ¿O cuando se te olvida el cumpleaños de tu papá?

* ¿O cuando le gritas a alguien que no merecía un regaño tan fuerte como el que le diste?

Analiza el lenguaje que usas en tu cabeza cuando estás siendo cruel contigo mismo e inventa una nueva y mejorada respuesta.

Por ejemplo, si cada vez que te miras en el espejo, el primer pensamiento que te llega a la mente es un «carajo», haz un esfuerzo consciente de cambiarlo a un «¡Hola, guapa!».

Si tienes una relación complicada con tu padre y te castigas cada vez que le dices algo grosero, cambia el «Soy un monstruo» por un «Soy un conejito tratando de cambiar mis problemas». Por supuesto, después deberás disculparte con él.

Si tu respuesta automática cuando haces algo mal es «Ugh, su majestad la torpe volvió a hacer de las suyas», cámbialo por un «¿Qué puedo aprender de esto?».

Lo más importante es que te alejes del drama y de la convicción de que esta versión de ti es la verdadera. No me importa si piensas: «Eso es fácil de decir para ti, tú no tienes una nariz que hace que tu cara parezca un embarcadero», porque algún día podrías ver a una modelo famosa con una nariz más grande que la tuya que desde un principio decidió que así era hermosa y entonces, en ese momento, te sentirás hermosa y segura de tu nariz, cuando apenas un día antes estabas pensando en serrucharla.

Así de ridículos somos.

No pases la vida aferrado a las decisiones insultantes que has tomado sobre ti mismo. Más bien toma la iniciativa consciente de cambiarlas por unas nuevas y mejores.

5. DESHAZTE DE LAS BROMAS NEGATIVAS QUE TE HACES A TI MISMO

El humor autohumillante es para los perdedores. Lo entiendo, puede ser increíblemente gracioso, hasta yo caigo en él de vez en cuando y, créeme, no hay nadie a quien quisiera atropellar más que al tipo que no se puede reír de sí mismo. Pero, en este momento, hablo del incesable y autoflagelante festival de «Soy un perdedor». Burlarte de ti se vuelve un chiste viejo muy pero muy pronto, sobre todo si es parte de tu personalidad. Así que, si eres de las personas que lo hace al menos una vez cada hora, no sólo le estás rogando a los demás que crean que eres un perdedor, también te lo estás haciendo a ti. Es como si te pegaras hora tras hora con un tubo de metal. ¿Por qué demonios le harías eso a tu maravilloso ser?

Lo que te dices en el día a día es más poderoso de lo que te imaginas. Las bromas que parecen inofensivas se convierten, a lo largo del tiempo, en creencias destructivas. Nuestros pensamientos se vuelven palabras, las palabras se vuelven creencias, las creencias se vuelven acciones, las acciones se vuelven hábitos y los hábitos se vuelven nuestra realidad. Así que si tu broma favorita es que no podrías conseguir una cita aunque amenazaras a alguien y te das cuenta de que pasas todos los sábados solo, tal vez necesitas una broma nueva.

Y lo más importante: hacer bromas sobre ti es la manera más lamentable de ser divertido, cualquiera puede hacerlo. Motívate a encontrar nuevos chistes. Tu confianza y los esnobs del humor como yo te lo agradeceremos.

6. DEJA ENTRAR AL AMOR

Recibe cumplidos con agradecimiento en lugar de dar una respuesta negativa, como: «¡Ah!, ¿esta cosa tan vieja?». Mejor intenta decir: «Muchas gracias». Nada más.

También tienes que cuidar tu cuerpo. Si eres como yo, seguro corres de lado a lado tratando de acabar tu trabajo, dejando a tu cuerpo en el último lugar o descuidándolo por completo. Cuando casi no tenemos tiempo nuestro cuerpo es lo más fácil de olvidar. «Tengo cinco juntas hoy. Mejor hago yoga mañana y hoy sólo como una barra energética». Pero en nuestra estadía en la Tierra, necesitamos más a nuestros cuerpos que lo que ellos nos necesitan a nosotros. Di cosas buenas sobre tu cuerpo, vístelo y sácalo a pasear. Dale sexo candente, baños lujosos y masajes. Muévelo, estíralo, nútrelo, hidrátalo, ponle atención. Mientras mejor se sientan nuestros cuerpos más productivos y felices seremos.

7. NO TE COMPARES CON OTROS

¿Alguna vez has hecho algo que te haya hecho sentir superorgulloso, como si estuvieras en la cima del mundo, hasta que ves que alguien hizo algo parecido, pero que en tu mente es mejor, y entonces, te entristece?

Las comparaciones son la manera más rápida de quitarle la diversión a la vida.

No debe interesarte lo que las demás personas hagan. Lo único que importa es que te diviertas y que estés contento con lo que sea que estés creando. Justamente tu originalidad es lo que te hace maravilloso, por lo que pensar que la de alguien más es mejor que la tuya no es parte de ser tu mejor amigo.

¿Te imaginas lo que sería de nuestro mundo si nuestros grandes héroes se hubieran enfocado en las comparaciones? ¿Si Marilyn Monroe se hubiera comparado con Kate Moss y hubiera decidido que lo mejor era perder sus curvas? ¿O si los de Led Zeppelin se hubieran comparado con Mozart? «Hombre, ese tipo es un genio. Es mucho mejor de lo que nosotros podríamos ser y ni siquiera tiene a un baterista. Tal vez deberíamos correr al nuestro y contratar un par de arpas».

Eres más que suficiente. Evita las comparaciones como si fueran la peste negra.

8. PERDÓNATE A TI MISMO (¡PON ATENCIÓN! ESTE PUNTO ES EXTREMADAMENTE IMPORTANTE)

Te equivocaste en el pasado. Te equivocarás de nuevo. Cada ser humano nace con la capacidad de cometer errores espectaculares. No estás solo, equivocarse no es tu superpoder. Supéralo. Arrastrar culpas y autocríticas es más que enfermizo y completamente carente de sentido. No eres una mejor persona por sentirte culpable o mal por algo que hiciste, sólo das más lástima.

Necesitas entender esto muy bien: la culpa, la vergüenza y la autocrítica son de las fuerzas más destructivas que puede haber en tu vida; por lo tanto, perdonarte es de las más poderosas. Aquí hay una excelente manera de hacerlo.

Piensa en una cosa específica por la que te sientas mal. Mantenla en tu cabeza y siéntela en tu cuerpo. Repite lo siguiente una y otra vez mientras piensas en ello y realmente siente lo que te estás diciendo:

«Aferrarme a sentimientos negativos no hace más que lastimarme a mí y a todos los demás, prohibiéndome disfrutar la vida al máximo. Soy una persona maravillosa. Elijo disfrutar mi vida. Elijo soltar esto».

Repite esto hasta que te sientas liberado de tu problema y un poco más ligero. Puede tomarte un día, una semana o varios meses, o puede pasarte de inmediato. Pero sin importar cuánto tarde, hazlo, porque si quieres ser libre, tienes que trabajarlo. (Lee el capítulo 15 para más consejos acerca del perdón y de cómo dejar ir las cosas). Si necesitas disculparte con alguien, levanta el teléfono y llámalo.

9. ÁMATE A TI MISMO

Es el Santo Grial de la felicidad.

CAPÍTULO 7

SÉ LO QUE TÚ ERES Y
TAMBIÉN SÉ LO QUE SOY

*No me ofenden las bromas sobre
las rubias tontas porque sé que no soy tonta.
También sé que no soy rubia.*

DOLLY PARTON, cantante, compositora,
actriz, altruista, mujer de negocios, luz brillante

Una amiga mía, una escritora brillante, me llamó una vez llena de pánico cuando se paralizó por el miedo que le tenía al tema de su siguiente libro; por lo tanto, no podía sentarse a escribirlo.

Su libro era, entre otras cosas maravillosas, muy personal, oscuro y retorcido; mi amiga tenía miedo de que fuera demasiado, de estar cruzando alguna línea, de exponerse como una loca pervertida.

Esto me recuerda un punto que es MUY importante que entiendas si vas a alcanzar todo tu potencial en esta vida como escritor, artista, hombre de negocios, padre de familia, carnicero, pastelero, si sólo quieres hacer velas o para simplemente convertirte en un ser humano completamente realizado y desarrollado:

NO DESPERDICIES TU PRECIADO TIEMPO DÁNDOLE IMPORTANCIA A LO QUE CUALQUIER OTRA PERSONA PUEDA PENSAR DE TI.

¡Imagínate lo liberador que sería!

Las opiniones de los demás motivan cada paso que damos en la adolescencia y en la década de los veinte, pero, al crecer, nos movemos hacia el camino correcto. La obsesión acerca de lo que la gente piensa de nosotros comienza a agotarse, pero pocas personas pueden escapar completamente de esa inútil situación.

La verdad es que las únicas preguntas que debes hacerte al tomar alguna decisión sobre tu vida son:

1. ¿Esto es algo que quiero ser, hacer o tener?

2. ¿Me llevará esto hacia la dirección que quiero (no que tengo que) ir?

3. ¿Voy a joder* a alguien con esta decisión?

* La definición de «joder» es tomar el dinero de alguien y desperdiciarlo, destruir la cisterna de alguien, esclavizar a una población o cosas así. Que tu madre se decepcione de ti, que tu padre no apruebe algo o que tus amigos se enojen por tu decisión no cuenta como joder a alguien.

Solemos ser aguafiestas o aburridos en nuestras propias vidas por el miedo al qué dirán los demás, en lugar de celebrar lo que realmente somos.

Sí, preocuparnos es parte de nuestro instinto de supervivencia: si te echan de la tribu, morirás de frío, de hambre o te comerán los lobos. Pero al tener cerebros tan desarrollados y la habilidad de manifestar todo lo que nos propongamos, existe otra versión igual de plausible: si te corren de la tribu, podrás empezar o encontrar otra tribu que se adapte más a tu estilo. No sólo harías lo que amas, rodeado de gente que te ama y que se refleje en ti, sino que llegaría el día en el que te dieras cuenta de que ya no recuerdas el nombre de la gente cuya aprobación buscabas con tanta desesperación y vitalidad.

Nadie que haya logrado algo grande, nuevo o que valga la pena aplaudirle lo hizo desde su zona de confort. Se arriesgaron al ridículo, al fracaso y, en ocasiones, hasta a la muerte. Piensa en los hermanos Wright. ¿Te imaginas cómo pasó todo?

Margaret: ¿Escuchaste sobre la pobre Susan?

Ruth: ¿Susan Wright?

Helen: Fue una desgracia. Pobre de ella.

Ruth: ¿Qué pasó?

Margaret: Pues, sus hijos…

Helen: Como si no hubiera sufrido suficiente al parir a dos niños tan grandes como búfalos, ahora esto…

Margaret: Parece que sus dos hijos…

Helen: ¿Te vas a comer el resto de tu pudín de tapioca? ¿Te molesta si meto mi cuchara?

Ruth: ¡Dímelo ya, Margaret!

Margaret: Esto te va a sonar descabellado, pero…

Helen: Ahora sus hijos creen que pueden volar. Es una lástima…

Margaret: … Sus hijos creen… ¡Creen que pueden volar!

Ruth: ¿Creen que pueden volar?

Margaret: Sí, creen que pueden volar. No hablan de nada más.

Helen: Y apenas mandó a pintar la casa. Seguramente tendrán que irse del pueblo…

Cuando te alejes de la manada y le permitas a tu verdadero yo brillar, es muy probable que te encuentras en el paredón de la opinión pública (sobre todo si lo que quieres hacer es extraordinario y muy lejos de la zona de confort de los demás); por eso, muchas personas huyen de la vida que quisieran tener. Incluso dejar que te vean es un riesgo. Mira cómo tratamos a las celebridades, cada movimiento que hacen es analizado, estudiado, discutido, juzgado y fotografiado. Es un milagro que sólo la mitad de ellos pasen tiempo en un centro de rehabilitación.

Eres responsable de lo que dices y haces. No eres responsable de si la gente se asusta o no por ello.

Dos personas pueden salir de ver la misma película: una de ellas puede estar azotándose contra las paredes, devastado, dejando un camino de pañuelos, más conmovido por esa película que por cualquier otra en la historia del cine; sin embargo, la otra persona puede llegar con su boleto a la taquilla exigiendo que le regresen el dinero porque acaba de ver la peor porquería proyectada en una sala de cine.

Una película, dos experiencias muy diferentes. ¿Por qué?

Porque no se trata de la película, se trata de las personas que la ven.

Lo que la gente piense de ti no tiene nada que ver contigo y todo que ver con ellos.

El truco no sólo se trata de ignorar el poder que tiene la crítica de los demás sobre ti, es algo mucho más desafiante. Es impedir que sus elogios se te suban a la cabeza. No tiene nada de malo sonrojarte al aceptar un cumplido, pero si siempre buscas validación de alguien más para saber que eres lo suficientemente bueno, genial, talentoso o valioso, estarás jodido, porque si basas tu valor en lo que los demás piensan de ti, le entregas todo el poder sobre ti a los demás y quedas a merced de la validación del mundo exterior. Terminarás persiguiendo algo sobre lo que no tienes control y, si alguien de repente pone su atención en otra parte o cambia de parecer sobre ti y decide que ya no eres muy interesante, tendrás una crisis de identidad gigantesca.

Lo único que importa es lo que es verdadero para ti. Si puedes mantenerte en ese camino sin desviarte, serás un maravilloso superhéroe.

Todo lo demás es la percepción de realidad de la demás gente y eso no es de tu incumbencia.

¿Qué puedes hacer para que no te importe lo que las demás personas piensen de ti y llegar a ser tu yo más poderoso?

1. PREGÚNTATE POR QUÉ

¿Por qué estás a punto de decir algo? ¿Es para caerle bien a alguien? ¿Para burlarte de alguien porque te sientes inseguro? ¿Para vengarte de alguien que dijo algo de tu mamá? ¿O es algo que nace de un lugar lleno de fortaleza y verdad? ¿Lo haces porque será divertido? ¿Porque te sientes obligado? ¿Porque cambiará la vida de alguien de una manera positiva y sin que seas un mártir? Pon atención a tus motivaciones (sé honesto). Practica hacerlo basándote en la integridad y conseguirás la victoria.

2. HAZ TU MEJOR ESFUERZO

No hay manera más fácil de ser víctima del mundo exterior que sentirte inseguro, y no hay manera más fácil de sentirte inseguro que saber que hiciste algo a medias o no creer en lo que estás haciendo. No importa de qué se trate: elevar tus precios o criar a tus hijos; si lo haces con tu mayor esfuerzo y basándote en la integridad, puedes sentirte orgulloso de ti mismo y olvidarte de qué demonios pensarán los demás.

3. CONFÍA EN TU INTUICIÓN

Los pájaros usan su intuición para navegar hasta el otro lado del mundo y encontrar su lugar natural de apareamiento. Los venados, conejos y demás tipos de presas usan su intuición para evitar a los depredadores. Por otro lado, el ser humano prefiere hacerle caso a su vecino que ya está borracho antes del mediodía, en lugar de hacer lo que en el fondo le parece correcto. ¿Cuántas veces has pensado en retrospectiva: «Le hubiera hecho caso a mi primer instinto»?

Tienes una increíble herramienta interior que sirve como guía y que puedes usar cuando la necesites. Dile a todos que se callen y que se vayan, quédate en silencio, date un espacio para sentir y pensar. Todas las respuestas están en tu interior. Practica para agudizar tu instinto, tómate un tiempo para fortalecer tu conexión con la Fuente de Energía y confía en que reconoces lo que es mejor para ti. Mientras más centrado y sintonizado estés, más poderoso serás (busca más consejos sobre cómo hacer esto páginas más adelante).

4. ENCUENTRA TEMPORALMENTE UN EJEMPLO A SEGUIR

Encuentra a un mentor, a un héroe o un ejemplo a seguir. Piensa por qué esa persona te parece fascinante e inspiradora. Cuando estés frente a un problema ante el que no sepas cómo actuar, pregúntate: «¿Qué haría mi héroe?».

Olvidarte de lo que las demás personas piensan es un músculo que puede tardar en fortalecerse, así que usa este truco en lo que entrenas para ser más fuerte y, antes de que te des cuenta, podrás desechar a tu héroe y preguntarte: «¿Qué haría yo?».

5. ÁMATE A TI MISMO

Sin importar lo que los demás piensen.

NOTA IMPORTANTE SOBRE LAS OPINIONES AJENAS: Si bien no estás autorizado para basar tu valor en lo que los demás piensan, esto no quiere decir que no estés abierto a la oportunidad de enriquecerte con opiniones diferentes a las tuyas. Especialmente de quienes te conocen bien. Existe algo llamado «críticas constructivas» y «cumplidos constructivos». Pero el que sean constructivos o no depende de ti.

Por ejemplo: si la gente lleva años diciéndote que eres muy temperamental, que sienten que no pueden expresarse contigo porque en el momento en el que estan en desacuerdo explotas en su cara, pregúntate: «¿Puedo usar esta información para mejorar mi vida y la de los demás?». Si la respuesta es sí, comprométete a hacer todos los cambios necesarios; si la respuesta es no, déjalo ir y olvídalo.

Lo mismo sucede con los cumplidos. Si la gente te dice constantemente que sabes escuchar muy bien, pregúntate: «¿Es verdad este cumplido?», «¿Puedo usar esta información para mejorar mi vida y la de los demás?». Repito: si la respuesta es sí, piensa en cómo puedes aprovecharlo; si la respuesta es no, olvídalo.

A veces es más fácil que alguien más vea lo que nosotros mismos no vemos, así que si pueden ayudarnos a conectarnos mejor con nuestra verdad y a vivir una mejor y auténtica vida, entonces vale la pena escucharlos.

Al final, todo depende de lo que es verdadero para ti, así que, mientras más conectado estés con tu verdad interior, más fácil será aprovechar las opiniones exteriores para mejorar tu vida, en lugar de dejar que estén a cargo de ella.

CAPÍTULO 8

¿QUÉ ESTÁS HACIENDO AQUÍ?

*La gran pregunta es si podrás decirle
que sí de todo corazón a tu aventura.*

JOSEPH CAMPBELL, mitólogo estadounidense,
autor cuyos libros / ideas influenciaron *Star Wars*

Tener claro cuál es tu propósito único puede ser la diferencia entre vivir una vida feliz y abundante, llena de elecciones y con nuevas fronteras, o vivir en las restricciones que tu propia inseguridad y las mismas excusas de siempre crean.

Un regalo, por supuesto, está hecho para ser disfrutado, por lo que resulta cruel que a veces no sepamos qué hacer con él o cuál es el nuestro, o que, cuando lo descubrimos, somos demasiado cobardes como para hacer algo al respecto: tenemos el regalo perfecto para compartir con el mundo, ansioso por ser abierto, pero lo dejamos ahí, envuelto en una caja, envejeciendo y empolvándose. ¡Qué desperdicio! ¡Qué agonía!

Por otro lado, darle a alguien el regalo perfecto es un sentimiento incomparable. Todos sabemos cómo se siente: brincamos de un lado al otro, las manos nos sudan, prácticamente nos hacemos en nuestros pantalones antes de rogarles que por favor lo abran. «¡ÁBRELO DE UNA VEZ! ¡Santo cielo… deja que yo lo haga!». El poder de dar es tan fuerte que los sentimientos y la emoción a veces son más intensas para quien da que para quien recibe.

Por eso, cuando descubres tu vocación y diseñas tu vida de tal manera que puedas compartir tus regalos con el mundo una y otra vez, te sientes como una estrella de rock.

Cuando compartimos la razón por la cual estamos aquí, nos alineamos con nuestro ser más elevado y poderoso.

Sin embargo, la mayoría de las personas deambulan por la vida entregando la versión «vela aromática» de sus regalos. Sabes muy bien de lo que hablo: no llegan con las manos vacías a la fiesta, sino que entregan su aburrido regalo al mundo, reciben un abrazo y un «No te hubieras molestado» a cambio, pero no es nada espectacular. Por ejemplo, consiguen un trabajo que odian o que cuando menos es aburrido, pero bueno, pues está bien. Les permite tener una vida dentro de lo aceptable, siempre y cuando no se vuelvan locos. Hacen cosas divertidas, pero no tantas como quisieran porque no les alcanza, no tienen tiempo o creen que no se lo merecen. Cantan pequeñas victorias de vez en cuando, como llegar a la meta de ventas y ganarse el crucero por las Bahamas, o sumar suficientes kilómetros en su tarjeta de crédito para poder ir a visitar a su tía y ver los Juegos Olímpicos, o tal vez sólo quieren tener suficiente tiempo para sentarse a escribir la canción que tal vez creen que algún día grabarán, o tal vez no; pero nunca se atreven a buscar una vida que realmente los ilumine. En pocas palabras, hacen que su vida entera sea un Gran Bodrio.

Todas las personas nacen con regalos únicos y valiosos para compartir con el mundo. Una vez que descubramos cuáles son los nuestros y decidamos vivir nuestras vidas con ellos, en ese momento empezará la fiesta. Vivir la vida con un propósito está al alcance de todos, así que si estás teniendo problemas, si te estás conformando con algo menor o si estás completamente confundido sobre qué hacer con tu vida, piensa en que la respuesta ya está aquí, ya existe, igual que la vida que quieres crear, pero primero necesitas un poco de claridad.

Hay libros enteros sobre cómo encontrar tu vocación (puedes ver algunos en la sección «Recursos», en la última parte de este libro o en mi sitio web), pero a continuación te dejo unos cuantos de mis consejos favoritos.

Ten en cuenta que no hay una manera perfecta para hacer esto. El viaje de cada persona es único, pero todos queremos llegar al mismo lugar, el lugar en el que más felices seamos, en el que más vivos nos sintamos y el más parecido a nosotros mismos.

Aun si escogiste la carrera correcta, sigue leyendo, porque estos consejos pueden ayudarte en otros aspectos de tu vida.

¿Cómo tener claro quién eres y cuál es tu vocación?

1. SÉ UN EXTRATERRESTRE

Imagina que eres un extraterrestre flotando por el espacio exterior, de repente bajas a la tierra y habitas tu propio cuerpo. Recuerda que, al ser un extraterrestre, todo en esta vida es nuevo para ti. Volteas a ver de un lado a otro, ¿y qué ves? ¿Por qué es tan maravillosa esta nueva persona que estás habitando? ¿Con qué se divierten más? ¿Qué conexiones tienen tú y ella? ¿Qué recursos y oportunidades tienen a su disposición?

Como el extraterrestre, a quien todo le parece nuevo y emocionante y no conoce riesgos o un pasado que lo atormente, ¿qué vas a hacer con tu nueva y emocionante vida? ¿Cómo vas a aprovechar este nuevo cuerpo y existencia para crear algo fabuloso y maravilloso en este mismo instante?

Este ejercicio es sumamente valioso para tener una nueva perspectiva y salir de tus rutinas aburridas y de las mismas excusas de siempre. Puede ayudarte a ver todas las posibilidades que tienes a tu disposición y que das por hecho, o que tal vez ni siquiera notas. A veces es tan simple como voltear a ver las cosas con otra mirada para darte cuenta de lo sorprendentemente afortunados que somos. Sé un extraterrestre veinticuatro horas y ve todo lo que descubres.

2. DA EL PRIMER PASO

En lugar de desperdiciar horas, días y años, tratando de descifrar cuál será el siguiente paso perfecto que debes dar, HAZ algo de una vez por todas. Desperdiciamos una cantidad impresionante de tiempo dándole vueltas en nuestra cabeza a una idea en específico, pensando en el «hubiera», creando excusas perfectas para no hacer algo, comiéndonos las uñas, obligando a nuestros amigos y familiares a revisar el número antes de contestar el teléfono, por si somos nosotros una vez más contándoles nuestra idea más nueva. Sal de tu cabeza y entra en acción. No tienes que saber exactamente a dónde te llevará, sólo tienes que empezar con una cosa que se sienta bien y seguir en el camino de cosas que te hagan sentir así y ver a dónde te llevan.

La mayoría de las respuestas se revelan *haciendo,* no sólo *pensando*.

Cuando descubrí mi vocación como *coach* personal estaba, irónicamente, en medio de una eterna obsesión en la que quería descubrir cuál demonios era mi propósito. Si bien siempre supe que escribir era parte de ello, también sabía que no era estar encerrada en un cuarto silencioso, medio loca y peleando con las palabras. Quería algo que A) involucrara la interacción con las demás personas; B) ayudara a alguien más de manera directa; C) fuera muy divertido, y D) me obligara a bañarme, vestirme y salir de la casa. Eso era más o menos todo lo que sabía; eso y mi deseo incansable de descubrir de qué se trataba, así que, cuando un amigo me dijo que fuera a un grupo de empoderamiento para mujeres emprendedoras que recién se había formado, decidí ir.

Se suponía que todas llevaríamos un proyecto en el cual trabajar, pero yo no tenía nada, sólo la esperanza de poder tomar una idea del proyecto de alguien más. Después de cuatro semanas de ir y ver el salón repleto de mujeres intentando descubrir lo que les encantaba hacer y convertir sus ideas brillantes en negocios o crecer con el negocio que ya tenían, yo seguía sin un proyecto propio. Pero sí sabía lo que quería hacer. Me acerqué a la entrenadora y le pregunté si no necesitaba ayuda; afortunadamente sí fue así y me contrató. Empecé a coordinar a los grupos y después de varios años, eso me condujo a abrir mi propia oficina como entrenadora emocional, lo que me hizo trabajar con clientes de todo el mundo y me llevó a estar sentada en la barra de mi cocina, escribiendo este libro.

No importa lo despistado que te sientas en este momento, pon atención a las sugerencias y oportunidades que se presenten de repente y fíjate en cómo te hacen sentir: ¿hay algo que por alguna razón sientas que debes investigar? ¿Qué es lo que siempre has dicho que te encantaría hacer? ¿Alguien mencionó una clase, maestro o libro que no puedes sacarte de la cabeza? Da el primer paso hacia la dirección que te guste más y ve hacia dónde te lleva. Hazlo AHORA.

3. HAZ TU MEJOR ESFUERZO DONDEQUIERA QUE ESTÉS

Una vez que des el primer paso es posible que no termines en la situación soñada de inmediato. Puede ser que aterrices en un primer escalón y puede ser uno maravilloso o uno nefasto. Pero no importa por dónde empieces: si quieres seguir moviéndote hacia adelante, aprecia dondequiera que estés, en lugar de sentirte molesto o avergonzado.

> Todo lo que haces a lo largo de tu viaje contribuye
> a dónde vas.

Digamos que te has decidido y perseguirás tu sueño de ser una estrella de rock, así que tomas un trabajo como mesero que te permite viajar, ir a tocar a conciertos y escaparte al estudio. Es obvio que tu vocación es tocar música, no preocuparte por un cliente molesto que dice que su sopa de cebolla está demasiado fría, pero es fundamental que te importe. Tener una actitud positiva y ser agradecido por todas las cosas que te están ayudando a vivir la vida que quieres no sólo harán que tu vida sea mucho más placentera y te conseguirán mejores propinas, sino que también elevarán tu frecuencia y atraerás gente y oportunidades que te llevarán a donde quieras ir.

Aquí es donde vivir en el momento es de gran ayuda. Es verdad que podrías estar frente a miles de personas haciendo un *split* en el aire, pero recuerda que lo estás intentando; te estás acercando valientemente a tu sueño, estás rodeado de milagros y oportunidades impensables. Acuéstate, relájate y agradece que estás viviendo con un propósito claro, estás en una frecuencia alta y todo lo que necesitas está corriendo hacia ti.

4. NO REINVENTES LA RUEDA

Voltea a ver a tu alrededor y fíjate en lo que las demás personas están haciendo. ¿La vida de quién te pone celoso? ¿Qué está haciendo la gente que a ti también te encantaría hacer? ¿Quién crees que sea la persona más increíble de todos los tiempos? No tienes que inventar tu vida ideal de la nada, sólo tienes que descubrir qué es lo que te hace sentir vivo. Así que, si alguien más está haciendo algo que a ti te interese, presta atención. Puede ser que tu vocación tenga algo que ver con la suya.

Sé específico sobre qué aspectos de sus vidas te emocionan. ¿Es el hecho de que puedan viajar alrededor del mundo? ¿De tener una rutina establecida? ¿De no tener una rutina? ¿De que trabajen solos? ¿De que trabajen desnudos? ¿De que puedan estar afuera todo el día? ¿De que hagan trabajos manuales? ¿Son acaso sus ojos? ¿Sus oídos? ¿Sus animales? ¿Su pareja? Mientras más específico seas, más fácil podrás crear una imagen de lo que tú quieres.

Lee revistas que te interesen, habla con tantas personas como puedas, pasa tiempo en donde la gente con tus intereses pase el tiempo. Anímate a salir, nunca sabes si lo que podrías aprender puede informar tu siguiente paso, o si conocerás a alguien que te presente tu siguiente oportunidad.

5. NO DEJES QUE TE ATRAPEN LAS MODAS

Creo que una de las ideas equivocadas que más nos paralizan es aquella que indica que todos debemos tener una vocación verdadera que nos ilumina de repente como un destello que cambia nuestra vida. Mientras que hay gente que siempre ha sabido exactamente lo que quiere hacer, hay muchísimas más personas que pasamos la mayor parte de nuestras vidas, si no es que toda la vida, deambulando, buscando debajo de piedras y detrás de árboles a quien realmente somos.

Perdónate si no tienes esa enorme y perfecta cosa que estás seguro de que es la razón de tu existencia (y, por cierto, lo mismo aplica para encontrar esa enorme y perfecta media naranja), y encuentra confort en que seguramente encontrarás varias vocaciones a lo largo de tu vida (y posiblemente varias relaciones).

Si lo piensas, tiene más sentido evolucionar conforme creces. Cuando pienso en cómo era a mis veinte años en comparación a como soy ahora, no puedo imaginarme algo menos atractivo que las cosas que me preocupaban tanto en ese entonces.

Ve por aquello que se sienta bien en este momento, en cada momento; eso te conducirá a una vida más que excelente.

6. ESCUCHA TU INTUICIÓN

Si en verdad quieres conectar con quien realmente eres, con lo que amas hacer y con quien amas hacerlo, es importante que dediques tiempo para afinar tu intuición. Una de las mejores maneras para lograr esto es pasando cinco minutos al día solo y en silencio. Pasamos la mayor parte de nuestro tiempo moviéndonos a máxima velocidad, física y mentalmente, y siempre atropellamos las respuestas que buscamos porque no podemos escucharlas entre tanto ruido. Cuando te quedes en silencio y preguntes, recibirás una respuesta. Eventualmente. Mantente en el camino, sé paciente y espera a que tu guía interior te responda. Tienes todas las respuestas que necesitas, sólo tienes que darles la oportunidad de que lleguen a ti.

7. PERSIGUE TUS FANTASÍAS

Ahora que te he dado todas las maneras más amables y gentiles de encontrarte a ti mismo, voy a sugerirte algo que tal vez no te va a gustar tanto: salta a lo profundo y persigue tus fantasías. ¿Con qué sueñas cada vez que miras por la ventana del camión, cuando estás a punto de quedarte dormido o cuando pretendes escuchar a alguien superaburrido? ¿Estás en un escenario haciendo comedia para miles de fans histéricos? ¿Estás rodeado de tus hermosos hijos en la casa más acogedora y feliz que hayas visto? ¿Te están festejando por construir orfanatos alrededor del mundo? Haz este ejercicio como si el dinero no fuera un problema. Busca lo que te genere mayor alegría y no necesariamente lo que crees que necesitas para sobrevivir. Si tuvieras una cantidad ilimitada de efectivo, ¿qué harías por el resto de tu vida?

Nuestras fantasías son la mirilla más reveladora acerca de lo que somos y de lo que nos parece maravilloso. No importa qué tan disparatadas o ridículas te parezcan, significan algo y normalmente representan la mejor versión de nosotros mismos.

Nuestras fantasías son realidades en un mundo sin excusas.

Pero pasamos la vida mortificados, como si alguien pudiera leer nuestras mentes y sorprendernos pensando en nuestra vocación: «Sé que es muy tonto, pero quiero cantar en Broadway». ¿Acaso es realmente tan tonto? Alguien lo está haciendo, ¿por qué no podrías hacerlo tú?

La mayor parte del tiempo que pasamos fingiendo no conocer nuestra verdadera vocación suele ser porque estamos aterrorizados de enfrentarla, ya que parece demasiado grande o es imposible vivir a partir de ella o ni siquiera la consideramos.

¿Qué pasaría si tuvieras las agallas para dejar a un lado las excusas y la vergüenza que sientes de admitir que quieres ser fabuloso y realmente te atreves a perseguirlo? ¿Y si decides hacer lo más descabellado y emocionante que encuentres en tus fantasías sin importar lo que los demás o hasta tu temeroso tú piensan?

ESO sería vivir.

8. ÁMATE A TI MISMO

Como si no hubiera nadie más.

CAPÍTULO 9

EL HOMBRE DEL TAPARRABOS

*Es mejor ser odiado por lo que eres
que amado por lo que no eres.*

ANDRÉ GIDE, autor francés,
ganador del Premio Nobel,
valiente autoexplorador

Cada mes de mayo me voy de mochilera al salvaje desierto en el sureste de Utah con dos viejos amigos míos. Es uno de los lugares más maravillosamente extraños que he conocido: enormes y dentadas crestas de piedra que increíblemente son de color rosa salen de la tierra como si fueran enormes trozos de carne cruda; torres areniscas blancas, amarillas y moradas se entrelazan y crecen como si fueran caramelos; grutas profundas en la tierra forman cañones parecidos a catedrales con paredes lisas por las tormentas de arena y las inundaciones comunes de la zona; su color cambia hora tras hora, dependiendo de la cantidad de sol que entre por las angostas aperturas de arriba.

Es como la luna… pero mucho mejor.

Viajamos alegremente por este universo alternativo absorbiendo cada color, trepando rocas enormes y discutiendo sobre qué águila o serpiente merece ser nombrada «criatura del día». Gracias a que mis amigos son excelentes navegadores, podemos adentrarnos en la naturaleza profunda hasta donde los senderos desaparecen, igual que las demás personas. A lo largo de los 16 años que llevamos viajando por ahí nos hemos topado con tan poca gente que podríamos contarlos con una mano. Por lo que me sorprendí muchísimo cuando mi amigo Tom, que se había adelantado para encontrar un buen lugar para instalar el campamento en donde pasaríamos la noche, reportó haber visto a alguien más.

—Acabo de conocer a un tipo realmente salvaje —dijo, cuando por fin lo alcanzamos—. Sólo vestía un taparrabos y una banda en la cabeza. También tenía una lanza en una mano. Dijo que llevaba trece años viviendo en el cañón.

—¿Estaba montando un dragón mágico?

—Es en serio.

—Entonces, ¿dónde está?

—Fue a revisar su trampa para ardillas, pero podría regresar.

—Mmmm hmmmm.

Tom es un pésimo mentiroso y sin importar a dónde quisiera llegar con esa broma, estaba tardando mucho en hacerlo, así que bajé mi mochila y empecé a levantar la casa de campaña, sólo medio escuchándolo. Unos minutos después, mientras estaba agachada, martillando, eché un vistazo entre mis piernas y vi un par de pies muy bronceados con unas sandalias hechas a mano, unas fuertes y desnudas piernas, y una ardilla muerta colgando desde un puño. Me levanté, volteé y ahí estaba el hombre del taparrabos.

Lo que Tom había olvidado mencionar era que el hombre del taparrabos era muy guapo. Estaba en la recta final de sus treinta, tenía un marcado, delgado y salvajemente bronceado cuerpo con un cabello café desaliñado igual que su barba. Era justo lo que me hubiera imaginado, un «Tarzán moderno, cazador de búfalos y mujeres por igual», por lo que, sin importar lo guapo que fuera, me hizo sospechar un poco de él. Eso y el hecho de que su taparrabos estuviera perfectamente hecho de lo que parecía ser suave piel italiana, no de los despojos de un conejo local. «¿Podrías acercarte un poco más a mí para que pueda verlo de cerca?». Todo en él era demasiado cliché. ¿Acaso no pudo tener un par de *shorts*? ¿Y de verdad iba a comerse a esa ardilla? Aun así nos acercamos a él como a un puerquito bebé en una feria, sorprendidos por nuestra fortuna. Esa vez no hubo discusión: habíamos encontrado nuestra «criatura del día».

Era muy amigable y respondió todas nuestras preguntas con calma y premeditación. Explicó que en ese y en los cañones vecinos había creado su hogar. Nos contó que la sociedad moderna le parecía innecesariamente complicada y equivocada, tanto que prefería vivir a solas con lo que la madre naturaleza le podía proveer, guardaba sus granos en el invierno y dormía en una cueva. Lo que más me sorprendió, además de que cortara su cabello con una piedra afilada y que muy probablemente no tuviera calzones, fue su actitud sin remordimientos. Ahí estábamos todos, moviéndonos de lado a lado, sintiéndonos ridículos por nuestras botas caras que calzábamos en nuestra aventura y ropa protectora contra los rayos UV; mientras él describía cómo había tardado semanas en tallar el arco y las flechas con las que cazó venados y cuya piel usaba como sábanas y cobijas.

«Bien por él», pensé al verlo alejarse, columpiando su ardilla muerta como si fuera una bolsa. No se preocupaba por lo que debía hacer, de lo que podría estarse perdiendo o de lo que una chica de Los Ángeles podría pensar de su taparrabos. Era feliz siendo auténtico y viviendo el momento, en medio de la nada.

Quiero ser como el hombre del taparrabos.

ÁMATE A TI MISMO

Sin importar quién realmente seas.

PARTE 3

CÓMO CONECTARTE CON LA MADRE NATURALEZA

CAPÍTULO 10

MEDITACIÓN PARA PRINCIPIANTES

Nunca estás solo o indefenso.
La fuerza que guía a las estrellas
también te guía a ti.

SHRII SHRII ÁNANDAMÚRTI, filósofo indio,
revolucionario social, autor, compositor

L a meditación, mejor conocida como quedarte quieto, sentado y en silencio para no pensar en nada, es una de esas cosas que puede resultar tan estúpidamente fácil como increíblemente difícil. Me recuerda a esos concursos en los que la gente se para alrededor de un auto o camioneta y quien mantenga su mano en el vehículo por más tiempo se gana el vehículo. El ganador aparece en la primera plana del periódico local, victorioso y adormilado, sonriendo al volante de su nuevo auto, con los pulgares arriba para el fotógrafo. «Jill Boender, de Tarrytown, es la orgullosa ganadora del Duelo 2012 Chevrolet, organizado en Green Bay, Wisconsin, el pasado fin de semana. Jill derrotó a otros sesenta y ocho participantes de todo el país al mantener la mano firmemente colocada por ciento setenta y tres horas y nueve minutos en el cofre de su nueva Chevrolet Silverado, en el estacionamiento de Home Depot. "Me siento tan emocionada por haber ganado", dijo. "La competencia fue feroz, hubo gente que pensé que no se rendiría nunca, pero di mi mejor esfuerzo"».

La meditación es igual de engañosa por su simplicidad. «¿Eso es todo lo que tengo que hacer para conectarme con la Fuente de Energía? ¿Quedarme sentada y no hacer nada? No puede ser tan fácil».

Bueno, pues… sí lo es.

Y al mismo tiempo no lo es.

Por eso la actividad se llama *práctica* de meditación.

Cuando guardas silencio y meditas, aunque sea durante cinco minutos, y empiezas a darte cuenta realmente del tipo de pensamientos que se están escondiendo en tu cerebro, es verdaderamente… iluminador. Si eres como la gran mayoría de las personas, entonces tus pensamientos son tan valiosos e interesantes como un grupo de niños de dos años peleando por una mamila. El objetivo es silenciar tu mente del ruido para que puedas conectarte con la Fuente de Energía y escuchar a tu guía interior.

Voy a enseñarte paso a paso cómo meditar, pero te recomiendo que empieces con lo más básico y después sigas avanzando poco a poco. Trata de meditar cinco o diez minutos al día, y después agrega más tiempo, conforme te vayas sintiendo más cómodo.

No hay una manera correcta o incorrecta de hacer esto, ni un mínimo de tiempo; no hay una manera perfecta de sentirlo, no hay reglas de cómo debes sentarte o de dónde debes hacerlo; lo único que importa es que lo hagas si estás comprometido a mejorar tu vida. Es como tomar mucha agua o hacer ejercicio constantemente o no hablar mal de alguien: no tienes que hacerlo y la tentación para dejar de hacerlo es extremadamente grande, pero si haces un hábito de esto, no sólo lo ansiarás, sino que tu vida entera cambiará, porque, al meditar, practicamos cómo entrar al Vórtice y cómo conectarnos con la Fuente de Energía, lo que automáticamente:

- Nos regresa al momento presente
- Eleva nuestra frecuencia
- Nos prepara para recibir una cantidad de información e ideas ilimitada
- Nos relaja
- Alivia nuestro estrés
- Fortalece nuestra intuición y nuestra habilidad para concentrarnos
- Nos permite escuchar claramente a nuestra voz interior
- Nos llena de luz y amor
- Nos pone de buenas
- Nos ayuda a amarnos a nosotros mismos

Meditar y estar en el Vórtice son como viajar por una maravillosa corriente de aire.

Aquí están los pasos extremadamente cortos y simples para comenzar a meditar:

MEDITACIÓN BÁSICA

- Siéntate en una posición cómoda y con las piernas cruzadas en el piso o en una silla, con tus manos en las rodillas o en el regazo
- Siéntate derecho y relaja toda tu cara, especialmente la mandíbula y la frente
- Cierra los ojos o mantenlos ligeramente abiertos si eso te ayuda a concentrarte y a no quedarte dormido. Si los man-

tienes ligeramente abiertos enfócate en un punto en el suelo a un metro frente a ti

* Concéntrate en tu respiración. Nota cómo entra y sale de tu cuerpo. No tienes que respirar de una manera específica, sólo concéntrate en ella

* Deshazte cuidadosamente de cualquier pensamiento que pueda aparecer por tu mente y sigue respirando. Mantén tu cerebro tan vacío y limpio como te sea posible, y trata de escuchar cualquier golpe de intuición que pueda o no llegar a ti

¡Ta-rááááán! Eso es todo.

OPCIONES Y SUGERENCIAS

1. Pon una alarma. Ya tienes suficientes pensamientos distractores como para también preocuparte por cuánto tiempo llevas y revisando el reloj cada treinta segundos.
2. Prende una vela y enfócate en ella. A veces tener un lugar en dónde enfocar la mirada puede ayudarte a concentrarte y a entrar en la Zona. Siéntate frente a una vela que coloques en el suelo mientras meditas y ve si funciona para ti.
3. Imagina un rayo de luz que proviene del cielo, entra brillando por la parte de arriba de tu cabeza, recorre todo tu cuerpo, sale por debajo de ti y regresa al cielo para completar el círculo. A veces me parece más fácil concentrarme en eso que en algún método de respiración; además, me llena de energía y luz, y hace que me sienta más conectada con la Fuente de Energía.
4. Usa un mantra. A veces, cuando las ardillas en mi cabeza están particularmente activas, llego con un mantra para correrlas. Repito una palabra o una frase en mi mente, como «amor» o «gracias» o «sí, por favor» u «om», cualquier

cosa que me haga sentir bien y que sea neutral, pero supongo que podrías usar un mantra como «pastel de carne» si eso te hace sentir bien.

5. Trata de hacerlo a primera hora, durante la mañana, para que no te distraigan las posibles eventualidades del día. Además, estarás mucho más conectado al estar recién despierto.

6. Si hay algo en tu vida en lo que estés trabajando, puedes programar una pregunta / intención de ayuda durante tu momento de meditación. Meditar se trata de recibir información del Universo y hay dos maneras en las que puedes lograrlo: A) empieza con una pregunta: «¿Cómo puedo lidiar con mi odioso hijo adolescente?» y ve qué respuestas aparecen mientras meditas, si es que llegan, o B) medita primero, abre el canal, deshazte del ruido y después haz tu pregunta en un espacio claro, pero conectado, y ve cómo llega a ti.

MEDITACIÓN GUIADA

Hay un sinfín de discos y DVD que varios *hippies* y gurús han grabado a lo largo de los años para ayudarte a meditar. Sugiero que tomes esta ruta guiada si al principio estás teniendo problemas controlando tu mente y pidiéndole que se calle. Estos materiales son como unos increíbles flotadores, yo todavía los uso de vez en cuando si estoy tratando de concentrarme en algo específico.

También hay centros de meditación guiada en todas partes y de vez en cuando es muy divertido meditar en grupo. Puedes aprovechar la energía de todos; además, te ayudará a quedarte ahí sentado por un periodo delimitado. Haz una búsqueda local por centros de meditación y *ashrams*. Algunos estudios de yoga también cuentan con meditaciones guiadas.

CÁNTICOS

Los cánticos también son una gran manera de entrar a un estado meditativo. Puedes repetir tu mantra una y otra vez en voz alta o si prefieres que nadie te escuche, puedes hacerlo en grupo, visitando una clase de meditación Kirtan. La meditación Kirtan se practica con cánticos de llamada y respuesta de mantras en sánscrito o con canciones religiosas; estas clases suelen estar en centros de meditación o en estudios de yoga. También te recomiendo que investigues la «meditación trascendental», un tipo de meditación en la que repites varios mantras y te sientas a cantar dos veces al día durante veinte minutos.

En lo personal he tenido experiencias muy profundas meditando: he visto las paredes derritiéndose a mi alrededor, he sentido como si estuviera flotando y he entrado a un estado tan eufórico que casi experimenté dolor. También he tenido experiencias poco profundas: me he quedado dormida; me he sentido inquieta todo el tiempo, moviéndome de un lado a otro y pensando en qué haré de comer, y también he estado completamente en la Zona sólo para darme cuenta de que estaba en la Zona y «¡Fantástico, estoy en la Zona!», lo que obviamente me saca de la Zona.

Lo importante es que regreses. Incluso si sólo logras llegar a la Zona un minuto de los treinta que llevas sentado ahí, poco a poco empezará a generar un cambio positivo en tu vida.

Creo que la meditación es mucho más importante ahora que tenemos tanta tecnología a nuestro alcance y estar distraído se ha convertido en una forma de vida. Si bien creo que como especie nos estamos volviendo cada vez más conscientes, me sorprende cómo al mismo tiempo el alcance de nuestra atención se reduce. Estaba jugando tenis el otro día con alguien que recibió un mensaje y sacó su teléfono *en medio de un punto*. Es increíble que todavía hablemos en oraciones completas.

Además de ser una de las herramientas más poderosas en nuestro consciente, la meditación es un descanso necesario de la locura que nos rodea y evitará que nos convirtamos en unos tontos despistados mientras exploramos con valentía nuestro nuevo y emocionante mundo.

CAPÍTULO 11

TU CEREBRO ES TU ESCLAVO

La mente es el poder maestro que crea y moldea.
Y el hombre es mente, eternamente toma
la herramienta del Pensamiento y,
al darle forma a lo que le place,
trae miles de alegrías y miles de males.
Lo que él piensa en secreto llega a suceder:
El medio ambiente es todo, menos su espejo.

JAMES ALLEN, autor antiguo y
pontífice de la autoayuda

¿Qué tan seguido te detienes para ver lo brillante que es nuestro Universo? ¿Con todas sus partes en movimiento, perfección matemática, reacciones químicas, pirámides alimenticias, gravedad y toda la magnífica eficiencia y complejidad que lo conforman? Esta exposición de asombrosa inteligencia no sucedió al azar o por pura suerte; fue pensada. La naturaleza es una maquinaria bien aceitada creada por una inteligencia Universal en donde nada se desperdicia. Todo tiene una razón y un propósito, todo funciona en conjunto de una manera complejamente entrelazada y compatible para crear su gran estado de grandeza.

En otras palabras, la Fuente de Energía es un sabelotodo.

Como James Allen, el autor y filósofo británico, además de pionero de la autoayuda, establece en la cita que abre este capítulo: «La mente es el poder maestro que crea y moldea. Y el hombre es mente...», somos parte de la sustancia inteligente que se usó para crearnos. ¡¿Qué onda?! ¡¿Qué increíble es eso?!

Por eso los pensamientos positivos están de moda y las creencias negativas son tan nefastas; por eso la meditación y aprender a guiar tus pensamientos, así como amarte a ti mismo, pueden cambiar tu vida.

**Nuestros pensamientos son las herramientas
más poderosas que tenemos.**

Pienso y, por ende, puedo crear cosas maravillosas, o cosas horrendas. Pero al final del día nuestros pensamientos pueden crear nuestra realidad.

Por eso, el hecho de que creas cualquier ilusión que estés viviendo te está limitando de todo lo que realmente deseas. Creaste la realidad que hoy tienes en tus pensamientos, por lo que puedes usar el poder de los mismos para cambiarla. Como lo dice Wallace Wattles, autor de *La ciencia de hacerse rico*, de manera tan brillante:

**Pensar lo que quieres pensar es pensar la verdad,
sin importar lo que aparente.**

«Pensar lo que quieres pensar es pensar la verdad», ¿no es esa la mejor noticia del mundo? No importa cómo se vea tu realidad en este momento, porque el lugar donde desees estar será tu verdad, la verdad y nada más que la verdad. Si fijas en tu mente que esa es la verdad, entonces cree que es real y que ya está aquí; entra en acción y se manifestará por sí misma.

Aquí es donde la mayoría de las personas se arremangan y dicen algo parecido a: «¿Estoy sentado en mi asquerosa cocina comiendo de la lata con una cuchara de plástico y me estás diciendo que esto no es la verdad? ¿Me estás diciendo que la verdad es que estoy sentado al lado de la alberca con el presidente de Estados Unidos?». Si realmente deseas pasar el tiempo con el presidente de Estados Unidos, al lado de la alberca, y estás dispuesto a entregar tu mente y cada una de tus acciones para lograrlo, entonces sí, es la verdad.

¿Alguna vez te has dado cuenta de cómo un montón de personas pueden tomar la misma clase con diferentes resultados? Por ejemplo, en una sobre cómo empezar tu propio negocio como *coach* personal todos reciben la misma información y las mismas herramientas, pero unos saldrán y se convertirán en estrellas de rock, mientras que otros se caerán en la primera curva. Aun si todos tienen el mismo deseo de ser exitosos, crean hermosos materiales para promocionarse y hacen cosas similares, son los que tienen la mente en el lugar correcto quienes lo logran. Los que patean traseros son los que se visualizaron pateando traseros, quienes verdaderamente creen en sí mismos y en lo que venden, quienes se recuerdan lo mucho que quieren ayudar a la gente siendo *coaches* personales, quienes están ansiosos de ser pagados por lo que ofrecen y no aquellos que tienen creencias subconscientes limitantes. Quienes se sienten raros, quienes se preocupan por estar siendo demasiado agresivos o irritantes, o quienes creen subconscientemente que no merecen o no podrán ser exitosos no lo serán.

Tus pensamientos y creencias decretan tu realidad, así que si quieres cambiar tu realidad, tienes que cambiar tus creencias. El problema está en que muchas personas protegen demasiado sus creencias y suelen inquietarse cuando sugieres que hay otra versión de la verdad; por ejemplo: no soy bueno para las ventas, mi suerte es horrible, me da miedo volar, los matrimonios no duran, tengo pies feos, soy pobre… «¿Estás diciendo que soy una mentirosa? ¿Ves a un novio guapísimo tomándome por el brazo? No, no lo ves. Ves a un gato en mi regazo sentado al lado de lo que estoy tejiendo porque apesto en las relaciones de pareja. Esa es la verdad y siempre ha sido la verdad». Esa será tu verdad mientras decidas pensarla; mientras alimentes a la bestia, seguirá viva.

En el momento en el que tengas la osadía de empezar a creer en lo que aún no ves, tu realidad comenzará a transformarse.

LO SIGUIENTE ES MUY IMPORTANTE, ASÍ QUE, POR FAVOR, PRESTA MUCHA ATENCIÓN: Primero tienes que cambiar tu manera de pensar y después las pruebas aparecerán. Nuestro gran error es que esperamos que sea al revés. Exigimos ver las pruebas para después creer que es verdad.

Recuerda, todo lo que deseas está aquí y ahora. Sólo tienes que cambiar tu percepción para que se manifieste.

«Está bien, entonces voy a creer que estoy al lado del presidente de Estados Unidos en una alberca. ¿Ahora qué? ¿Sólo le hablo? ¿O llego a la Casa Blanca de chanclas y con una toalla en el cuello?». Cuando te aventuras a lo aún no visto, se supone que no sabrás cómo hacer que suceda, porque si supieras cómo, ya lo habrías hecho. Esto se trata de cambiar radicalmente tu realidad, así que la manera de lograrlo muy probablemente estará lejos de tu conocimiento actual.

Tu trabajo no es saber el *cómo*, es saber el *qué* y estar dispuesto a descubrir y recibir el *cómo*.

Mantén tus pensamientos enfocados en tu meta, haz todo lo que sí sepas para lograrlo. Decide sin titubear qué pasará y mantente alerta a las oportunidades que lleguen.

Tuve una clienta que fue a la Toscana y vio una casa a la venta mientras estaba ahí. En ese momento era mesera y poeta, apenas podía juntar el dinero suficiente para un viaje a Italia. Comprar una casa en la Toscana era imposible, pero aun así decidió verla y se enamoró por completo del lugar. De inmediato supo que era la casa que su corazón anhelaba, pero también sabía que su cuenta bancaria tenía más polvo que dinero; sin embargo, le pidió a los dueños que la sacaran del mercado porque encontraría una manera de comprarla.

Voló de regreso a casa en estado de *shock*, pensando que quizá se había vuelto loca, pero siguió su intuición y les preguntó a sus amigos si alguien tenía una idea de qué debía hacer. Terminó enterrada casi por completo con todas las advertencias de los que la rodeaban: «Es una enorme responsabilidad, sin mencionar todas las complicaciones que involucran vivir en otro país y, según la última vez que fui, no hablo italiano, no soy ciudadana y no tengo idea de lo que significa ser la dueña de una casa. No puedo siquiera pagar una limpieza dental, ¿cómo espero pagar una hipoteca?», y bla, bla, bla. Pero se mantuvo firme, ya que a pesar de todas las pruebas en su contra, «ella creía que esa era su casa». Esa era su verdad.

Por fin, alguien tuvo la idea de que prerrentara estancias vacacionales en esa casa, para recaudar el dinero suficiente para costearla. La gente podría pagar por su estancia en la casa con un año de anticipación. ¡Sólo tendría que rentar suficientes estancias vacacionales para poder pagar la casa y listo! Pronto se dio cuenta de que eso era ilegal, así que tuvo que volver a empezar, y al intentar un millón de cosas, descubrió que al final no era ilegal, pidió un préstamo y vendió suficientes estancias para pagar la casa y, para no hacerles la historia tan larga, lleva muchos años siendo dueña de esa casa y está pensando en comprar otra.

Tienes que aprender a controlar tus pensamientos si quieres cambiar tu vida. Como bien dijo Albert Einstein alguna vez, «El mundo como lo hemos creado es un proceso de nuestro pensamiento. No puede ser cambiado si no modificamos antes nuestro pensamiento».

Aquí hay unas maneras comprobadas de cómo enseñarle a tu cerebro quién manda:

1. PIDE Y SE TE DARÁ

Quédate en silencio, entra en la Zona y ponte en contacto con la Fuente de Energía. Despeja el ruido de tu cerebro y crea un espacio limpio y ordenado para insertar el pensamiento de lo que quieres en la gigantesca esencia pensante que es la Fuente de Energía. Pide lo que quieras, manda un mensaje claro y benévolo, organiza un espacio y deja que el proceso de manifestación comience.

2. ACTÚA COMO SI ESTUVIERA SUCEDIENDO

Si quieres algo desesperadamente, aunque no tengas evidencia alguna de que puedas tenerlo, créelo de todas maneras. Finge hasta que lo logres. Hazlo a pesar de ti mismo. Actúa como si estuviera sucediendo. Si tienes un fuerte e incansable deseo de estar con el presidente de Estados Unidos en una alberca, piensa en lo que haría alguien que esté con el líder del mundo. Elige el traje de baño que usarías, piensa en lo que platicarían, junta las fotos de tu viaje al Gran Cañón para enseñárselas. Prepárate para el evento, platícate lo que está sucediendo. Actúa como si estuviera sucediendo. Involúcrate en situaciones en las que conozcas a gente que pueda ayudarte a que suceda. Mantente abierto a oportunidades que puedan dirigirte a tu objetivo. Vive, come, duerme y respira tu sueño. Puede ser que te sientas como un loco, pero no será así cuando estés chapoteando en el agua con el presidente.

3. MEJORA TU AMBIENTE

Si aspiras a tener un mejor nivel de vida que el que actualmente tienes y lo visualizas una y otra vez, va a ser difícil mantener tus pensamientos en orden cada vez que llegues a tu fea casa y escuches el tema principal de *Sanford and Son* en tu cabeza. Por eso, aunque imagines y pienses en el cambio *antes* de que pase, haz lo que puedas para empezar a crear pequeños cambios desde ahora. Pinta las paredes y limpia tu casa, compra muebles nuevos o arregla los que ya tienes, retira el cochambre, deja que entre el aire, cuelga pinturas inspiradoras en las paredes. Esto no sólo te ayudará a mantener tu frecuencia alta, también le hará saber al Universo que no estás jugando y que estás haciendo todo lo posible mientras esperas más instrucciones sobre *cómo* lograrlo.

4. HAZ UN CARTEL INSPIRADOR CON TUS OBJETIVOS

Nuestras mentes piensan en imágenes: si alguien dice «un caballo con labial rojo», de inmediato creas la imagen de un caballo con labial rojo en tu cabeza. Si alimentas tu mente con imágenes de cosas y experiencias que quieres obtener, por ejemplo, una enorme casa en México con una alberca gigante, un paseo por la playa con tu sexy amante, enseñar a niños pequeños a leer en tu biblioteca local o reír hasta el cansancio rodeada de tus amigos más queridos, todo eso es increíblemente importante, pues llena tu mente de imágenes que son enviadas a la Fuente de Energía, la cual empezará el proceso para dártelas. Recorta fotos de lugares, gente, cosas y experiencias que quieras tener en tu vida, pégalas en un cartel y cuélgalo en algún lugar en donde puedas verlo todo el día. He visto a gente tener resultados inverosímiles con esta técnica. Han conseguido hasta el detalle más pequeño: la casa exacta, el mueble o el trabajo que pusieron en sus carteles inspiradores. Da un poco de miedo, pero también es superfácil; es como tener un día de manualidades con Dios. Inténtalo.

5. RODÉATE DE GENTE QUE PIENSE DE LA MANERA EN QUE TÚ QUIERES PENSAR

Cuando te juntas con personas quejumbrosas, pesimistas, compulsivas, desalentadoras, asustadizas o gente que se queja de que la vida es injusta, tendrás que batallar para mantener un lugar positivo en tu cabeza. Aléjate de la gente con mentes pequeñas y pensamientos pequeños, y acércate a gente que vea posibilidades ilimitadas en la realidad. Rodéate de gente que tenga grandes ideas, que entre en acción para generar un cambio positivo en el mundo y que vea todo a su alcance.

Haz una elección consciente para lograrlo. Si no conoces a alguien que tenga una mente brillante, sal y haz nuevos amigos. Si te frena el «No hay nadie así por aquí», esa será la verdad y establecerá el tono quejumbroso con el que tratarás de manifestar todo lo demás en tu vida. El cómo hagas una cosa definirá cómo harás las demás. Sal y busca gente que te haga sentir como si pudieras brincar a la cima de un edificio de un solo salto. Sé claro con el tipo de personas que quieres conocer y sal a buscarlas. Pídele al Universo que te conecte con ellas, piensa en lugares en donde puedan estar o en cosas que puedan estar haciendo, y ve ahí. Estar rodeado de gente inspiradora, visionaria y entusiasta que vive su verdad es la forma más rápida de transformar notoriamente tu vida.

6. ÁMATE A TI MISMO

A menos que tengas una mejor idea.

CAPÍTUL● 12

QUE TU ENTREPIERNA ßEA TU GUÍA

En la mente del principiante hay muchas posibilidades,
pero en la del experto hay pocas.

SHUNRYU SUZUKI, monje japonés zen,
autor, maestro conocido amorosamente
como el Pepino Chueco

Sé que el dicho es «La juventud se desperdicia en los jóvenes», pero creo que, de alguna manera, en nuestra adolescencia y en los veintes somos geniales. Más allá de la angustia, el drama y que la policía tenga que llevarnos a casa, seguimos teniendo nuestra habilidad infantil de crear «sólo porque sí» intacta, así como la recién recibida habilidad adulta de hacer que grandes cosas sucedan en nuestras vidas. Suma el hecho de que aún no estás dañado por una larga lista de fallas y seguimos pensando que la muerte es algo que les pasa a otras personas. Si eres como yo, seguro brincaste hacia tu vida con una maravillosa pero tonta indiferencia hacia lo que podría pasar.

Recuerdo haber hecho cosas tan peligrosas que incluso hoy me hacen permanecer despierta con la luz encendida cada vez que las recuerdo: pasar tiempo en una zona peligrosa de la ciudad con personas sospechosas; viajar de polizonte en trenes; tomar tanto LSD como para mantener despierto a un pueblo entero; caminar por el desierto sin agua, sin mapa y sólo con una cantimplora llena de gin y agua quina. Mi prioridad era divertirme, las consecuencias se escapaban a no sé dónde, pero me queda claro que era a un lugar muy lejano.

Pero también recuerdo lanzarme de lleno a mis actividades artísticas con la misma imprudente inconsciencia y, como consecuencia, obtener resultados genuinamente espectaculares y emocionantes. Por lo que me parece tan extraño escuchar de repente: «Si hubiera sabido en ese entonces lo que sé hoy, no estoy seguro de haberlo hecho». Pues qué bueno que no lo sabías si ibas a pensar con esa nefasta actitud. ¡Estarías sentado a un lado de latas vacías de cerveza, quejándote de cómo dejaste ir todos tus sueños!

El problema es que cuando somos más viejos y «sabios», la mayoría de las personas cambia el hecho de vivir su vida plenamente por una versión más «adulta» de la vida, que puede ser desde completamente pasable hasta asquerosa. Se compraron la idea de que ser responsable = no divertirse, que despertarse emocionados por la vida es algo para jóvenes y que, cuando somos más viejos, tenemos que cambiar eso por algo mucho más «realista».

Déjame bostezar.

No quiero decir que debamos ser unos desgraciados irresponsables o hacer las mismas cosas que hacíamos cuando éramos jóvenes, pero sí que sigamos persiguiendo nuestros sueños sin importar en qué parte de la vida nos encontremos, en lugar de conformarnos con algo mediocre porque no creamos que haya algo más o que nos lo merezcamos.

Sólo tenemos un tiempo limitado en nuestros cuerpos, ¿por qué no festejar el viaje en lugar de sólo esperar a que termine?

Todavía tenemos permiso de soñar y nuestros sueños todavía están disponibles, pero mientras nos movemos por la vida, debemos hacer el esfuerzo consciente de sobreponernos a cualquier opinión que podamos tener, de patear los miedos que tengamos por experiencias pasadas y de aprovechar nuestra chingonería, sin importar cómo se vea eso. Debemos enfocarnos en lo positivo en lugar de enlistar lo negativo que hemos recolectado a lo largo del tiempo, debemos mantener la cara en alto sin importar lo que el viento nos arroje. Una de las mejores maneras de lograr eso es reconectándonos con nuestro niño interior. Sé lo tonto que esto puede sonar, pero síganme la corriente.

Aunque es muy probable que hoy en día te emocionen cosas diferentes que cuando eras un niño, todavía puedes aprender mucho de cómo te comportabas en tu pasado. Así que recuerda: ¿hubo algún momento en el que te sintieras completamente feliz? ¿En el que crearas e hicieras cosas sólo por diversión y sin preocuparte por el resultado? ¿En el que no pudieras esperar a despertarte para empezar a hacer tus cosas? Esto puede ser algo tan simple como correr con una toalla sanitaria en el ojo pretendiendo que eras un pirata o cuando en tu último año de prepa todos votaron para que fueras el payaso de la clase e hiciste anuncios públicos por el altavoz, o bien, el verano en el que aprendiste a tocar la guitarra sin ver tus manos. ¿Cuándo te emocionó más que nunca la vida (o si aún no te has sentido así, mantente sintonizado…) y qué puedes aprender de esa experiencia?

Para mí, uno de los momentos más emocionantes y en los que sentí que mi vida tenía un propósito fue cuando era la cantante/guitarrista de una banda llamada Entrepierna (Crotch). Uso los términos «cantante», «guitarrista» y «banda» de manera muy ambigua porque en Entrepierna no nos molestábamos con cosas como aprender a tocar los instrumentos o practicar ningún tipo de basura musical. Teníamos peces más grandes que freír, como hablar en voz alta sobre nuestra banda y ver nuestro reflejo con la guitarra amarrada a nuestra espalda en los cristales de las tiendas que pasábamos. Guitarras eléctricas.

Empecé Entrepierna con una amiga del trabajo llamada Paula, que tampoco había levantado una guitarra en su vida y que era tan incapaz como yo de aceptar su lado femenino. Paula y yo éramos el tipo de jóvenes que nos enorgullecíamos del nivel de watts de nuestras bocinas, de nuestro fuerte apretón de manos y de nuestra habilidad para beber más que cualquier otra persona del lugar.

La espina llena de testosterona que tenía clavada se debía a mi paso por la preparatoria, en la que esperaba que la pubertad les llegara a todos. Era al menos treinta centímetros más alta que todos en mi salón, incluyendo a los niños. Nunca me invitaron a salir, pero los podía hacer reír y les ganaba en basquetbol, así que, en lugar de intentar seducirlos y fallar, mejor me convertí en una de ellos.

Los problemas de Paula eran mucho más homicidas por naturaleza. Su enojo era el típico de las mujeres inteligentes que desarrollan el cuerpo de una conejita de Playboy a los trece años y que deben crecer en lo más profundo del sur de Estados Unidos. Desde los primeros minutos que formamos la banda cambió sus rizos largos y negros por un cabello corto, se lo tiñó de rojo y cubrió su espalda y brazos con tatuajes de flamas y dragones.

Decidimos que como ella era la ruda, tocaría el bajo; como yo estaba desesperada por conseguir la atención de quien fuera, tocaría la guitarra, y mi hermano menor, Stephen, tocaría la batería al ser el más maleable. «Sólo hasta que encontremos a otro baterista», le prometí, mientras trataba de conectar mi guitarra en la parte incorrecta del amplificador. Stephen ha tocado la batería desde los cinco años y es el tipo de hermano que una hermana mayor mandona desea: talentoso y entusiasta hasta el cansancio, con una tolerancia al dolor muy alta.

La gran tragedia de Entrepierna fue que, detrás de nuestras burlas y bravuconería, éramos dos dulces niñas tratando desesperadamente de conseguir un novio. Pero teníamos problemas, problemas que decidimos que era más fácil confrontar sobre el escenario, borrachas y a veces desnudas. Paula y yo, desconcertadas por la falta de caballeros en nuestras puertas, decidimos expresar nuestra decepción, escribiendo y cantando canciones como «Cóseme, ya tuve suficiente» y gritando cosas al micrófono entre canciones que de repente inspirarían a un integrante del público a correr hacia el escenario con una silla, listo para golpearnos.

A pesar de todo, rápidamente conseguimos varios aficionados. En menos de un año también escribimos, produjimos, dirigimos y protagonizamos una película sobre la industria discográfica; también escribimos, dirigimos y protagonizamos un video musical que salió en la televisión; grabamos un EP, obtuvimos un contrato de prueba con Columbia Records, y hasta aprendimos unos cuantos acordes. Lo logramos con trabajos de tiempo completo y sin saber lo que estábamos haciendo. Era divertido con una «D» mayúscula.

No hay nada más imparable que un tren de carga lleno de «¡Sí, carajo!».

Si alguna vez encontraste tu ritmo y ahora tienes problemas para encontrar tu camino, piensa en tu actitud y en las prioridades que tenías cuando tu vida brillaba, y úsalos para tener la claridad y la patada en el trasero que necesitas.

Aquí hay unos cuantos consejos que deduje de mis días en Entrepierna que todavía me resultan bastante útiles:

1. VE LO QUE PUEDES HACER SIN QUE TE ATRAPEN

La vida es ri-dí-cu-la. En serio, lo es. No tenemos ni idea de qué hacemos dando vueltas en este planeta en medio del sistema solar con quién sabe qué más allá de nosotros. Pensar que cualquier otra mínima cosa es importante es absurdo. Tiene más sentido ir por la vida con una actitud de «¿Por qué no?», en lugar de llevar el ceño fruncido. Una de las mejores cosas que se me han ocurrido fue crear mi propio eslogan: «Quiero ver qué puedo hacer sin que me atrapen». Te quita mucha presión de encima, activa la actitud *punk rock* y te recuerda que la vida es un juego.

Sí, tenemos más responsabilidades y mayor presión como adultos, pero, amigos, les garantizo que hay una cantidad incontable de personas con muchas más cosas por las cuales quejarse que tú, pero que están pateando traseros porque decidieron hacerlo, en vez de quedarse sentados quejándose. Dirígete a la vida de una nueva manera, prueba con esto: «Sólo quiero ver si puedo empezar mi propio negocio exitoso, sólo quiero ver si puedo terminar de pagar mis deudas y ganar más de cien mil dólares este año, sólo quiero ver si puedo perder cincuenta kilos, sólo quiero ver si puedo vender uno de mis cuadros en cincuenta mil dólares, sólo quiero ver si puedo conocer a mi media naranja».

Quítate la presión de encima y regresa a la aventura.

2. PIERDE CUENTA DEL TIEMPO

¿Alguna vez has estado haciendo algo y de pronto te das cuenta de que han pasado horas sin que lo notes? ¿Qué hace que eso suceda? ¿Qué tan seguido te pasa? Cuando estás tan metido en algo que pierdes noción del tiempo es porque oficialmente entraste en el Vórtice. Seguro querrás estar ahí tanto como te sea posible, así que mira tu vida y descubre cómo puedes lograrlo.

Primero, descubre en qué situaciones pierdes la cuenta del tiempo, ya sea en tu trabajo o en tu vida personal. Después, piensa en cómo puedes hacer esas cosas por más tiempo. Contrata a alguien (sin excusas) para que haga las cosas que tú odias hacer. Asóciate con alguien que disfrute y sea bueno haciendo las cosas que amas, para que puedas tener más tiempo de hacer lo que tú quieras. Si es necesario haz cambios masivos en tu negocio o en tu vida personal para incluir más cosas que ames hacer. Averígualo. No le entregues tu vida a las circunstancias como un cobarde. Puedes llevar tu vida a donde quieras, así que tómala por la entrepierna y asegúrate de hacer que las cosas que amas se conviertan en una prioridad.

3. SIGUE SIENDO UN PRINCIPIANTE

Una de las ventajas de empezar una banda cuando no tienes ni idea de cómo tocar un instrumento es que no te importa si apestas, porque ya sabes que es así. Entonces, una vez que aprendes a tocar, te vuelves más serio, más crítico sobre tu actuación y dejas de tener tanta diversión como antes. El truco es dejar que el *principiante* conviva con el *experto*, en lugar de ignorarlo cada vez que quiera sentarse en la cafetería con tus nuevos, geniales y más experimentados amigos. Puede ser que el principiante sea un idiota, pero sabe cómo divertirse y, si no dejas que salga de fiesta contigo, las cosas se pueden volver muy aburridas. Así que pule tus talentos, toma en serio tu profesión, aprende lo que tengas que aprender, invierte en ti mismo, practica hasta que se te caiga el trasero, cáete, levántate y sigue adelante. Vuélvete muy muy muy bueno en lo que haces, pero no pierdas de vista la diversión, porque si lo haces, ¿cuál es el punto de tanto empeño? Lo único que tienes que hacer es esforzarte al máximo. Una vez que hagas eso, la otra cosa que debe importarte es disfrutar de la vida.

4. ÁMATE A TI MISMO

Y los pájaros azules de la felicidad serán tus cantantes de reparto por siempre.

CAPÍTULO 13

DA Y DEJA DAR

Una de las más hermosas recompensas
de la vida es que ningún hombre pueda ayudar
con sinceridad a otro sin ayudarse a sí mismo.

RALPH WALDO EMERSON, poeta estadounidense,
ensayista, visionario y dador

Un día, mientras manejaba a algún lado con mi familia, nos detuvimos en una tienda en el camino y le dije a mi sobrina, que en ese entonces tenía cinco años, que podía comprarse algo. Llegó a la caja registradora con un paquete de seis Tic Tac y usando su encanto logró que se lo comprara, en lugar de decirle que los devolviera y sólo tomara uno.

Así que regresamos al coche y le pregunté si podía darme un paquete, tratando de enseñarle a la inocente egoísta un poco sobre la importancia de compartir. De inmediato me respondió que por supuesto, mientras me entregaba un paquete. Después, ella me preguntó, con su aguda voz de niña de cinco años, si mi hermano y mi madre querían uno también y se los entregó. Mi sobrina colocó los tres paquetes restantes en el asiento a su lado y dijo: «Cuando lleguemos a casa, este es para mi hermano, este para mi hermana y este para mi mamá». Entonces, se quedó ahí sentada sin un paquete para ella, sonriendo al estar más emocionada por poder entregar sus regalos que cuando le dije que sí podía comprarlos.

Desconcertada, miré a mi hermano Stephen (su padre) y él me respondió: «loca», sólo moviendo los labios. Cuando Stephen y yo teníamos su edad, no había nada que disfrutáramos más que los gritos tortuosos del otro. Él liberó mis gerbiles en el patio. Yo le robé sus dulces de Halloween y me los comí todos, uno por uno, mientras me sentaba en su pecho. ¿Quién era esa criatura tan santa y de dónde aprendió eso?

Como mi sobrina lo entendía a la perfección, dar es una de las grandes alegrías de la vida; también es uno de los gestos más valientes y poderosos que hay. Cuando entendemos que vivimos en un universo abundante y nos permitimos dar de la misma manera, elevamos nuestra frecuencia, fortalecemos nuestra fe y nos sentimos de maravilla. Así nos colocamos en ritmo y en una posición perfecta para recibir cosas aún más grandes de regreso.

Cuando tenemos miedo, nos aferramos a lo que tenemos porque creemos que no hay más allá afuera. Pellizcamos la energía, nos da miedo compartir y nos enfocamos en la escasez que deseábamos evitar.

Vivimos en un universo de dar y recibir, respirar y exhalar, vivir y morir, apestar y maravillar. Cada uno depende del otro y cada uno es relativo al otro; cada acción tiene una reacción igual o mayor, así que mientras más des, más recibes. También funciona al revés.

Tal vez estés pensando «eso no es verdad. Conozco a un montón de desgraciadas que no han hecho más que tomar y nunca han dado nada, nunca». Recibir tiene una energía muy distinta a la de apropiarse de algo de manera egoísta, así como aferrarse tiene una energía diferente al dar. Aferrarse y tomar nacen del miedo y la necesidad; dar y recibir están llenos de gratitud y se entregan al flujo del universo.

Conozco a alguien a quien diagnosticaron con esclerosis múltiple y le sugirieron que diera veintinueve cosas en veintinueve días como parte de su tratamiento. Al inicio no hizo caso, pero cuando su situación empeoró, por fin decidió darle una oportunidad. Primero llamó a una amiga enferma para ver cómo estaba. Después, poco a poco, empezó a dar cosas día tras día; sin darse cuenta empezó a sentirse más emocionada y divertida. Al día catorce se sentía mucho mejor físicamente, su negocio mejoró y comenzó un blog para empezar un movimiento en el que ella y miles de personas regalaban cosas a diario. Su blog la llevó a escribir un libro llamado *Veintinueve regalos*, que llegó a estar en la lista de los más vendidos del *The New York Times*.

Si quieres atraer cosas y sentimientos buenos a tu vida, manda maravillas a todos a tu alrededor. Aquí hay unas buenas opciones de cómo entrar al flujo de dar y recibir:

1. Si no lo has hecho aún, escoge una o dos causas que tengan un gran significado para ti y dales un poco mes tras mes. Dales tanto tiempo o dinero como te sea posible, pero hazlo constantemente para que se convierta en un hábito y parte de quien eres. Incluso donar cincuenta pesos al mes cuenta.

2. Dale una de tus cosas favoritas a alguien a quien sabes que le encantará. Si puedes, hazlo sin que sepa quién se la dio.

3. Deja diez pesos más cada vez que dejes propina. O cien.

4. Si alguien está siendo sarcástico, no te rebajes a su nivel; elévalo dándole amor.

5. Sonríe, haz un cumplido y logra que la gente ría tanto como te sea posible.

6. Acepta invitaciones que normalmente no aceptarías porque odias ser una molestia para quien lo ofrece. Acepta lo que sea, dales la oportunidad de que ellos te den a ti.

7. Detente y disfruta tu cuerpo y lo maravilloso que se siente cada vez que das y recibes. Eleva tu frecuencia y espera las mejores cosas que están por llegarte.

8. ÁMATE A TI MISMO

Y todo el mundo se beneficiará.

CAPÍTULO 14

⊙≫≈≪⊙

GRATITUD: LA DROGA
QUE TE LLEVA A LA GENIALIDAD

Cuando eres agradecido, el miedo desaparece
y la abundancia aparece.

ANTHONY ROBBINS, autor, orador,
motivador, cambiador de vidas

C uando era chica, mis padres nos obligaban a mis hermanos y a mí a contestar el teléfono de una manera formal:
«Habla Jennifer Sincero», como si además de pelearnos
por el triciclo y llenar nuestros pantalones con globos, también
trabajáramos como porteros en un elegante hotel. Del otro lado
del teléfono, sus amigos quedaban impresionados con lo amables
que eran los niños Sincero y la verdad es que yo nunca lo pensé demasiado hasta que le hablé a una amiga por primera vez.
Cuando la escuché responder, tomé el teléfono con todas mis
fuerzas y abrí los ojos con incredulidad: «¿Puedes decir "hola"?
¡¿Lo saben tus padres?!». Para mí resultaba tan impensable como
decir la palabra que empieza con «P» o sentarme con mis padres
a disfrutar de una buena copa de whisky.

Mi asombro se convirtió en terror cuando me di cuenta de que
no sólo mi amiga era una rebelde que podía contestar el teléfono
de manera despreocupada, sino que eran todos. Pensé que mis

padres me habían hecho una broma todo ese tiempo. Cuando los enfrentamos, nos encontramos con el típico «Cuando pagues tu propio teléfono, puedes contestarlo como quieras». Los años pasaron y nuestra indignación fue cediendo al hábito. No recuerdo exactamente cuándo nos rebelamos por completo, pero eventualmente empezamos a contestar el teléfono como seres humanos normales. Voy a asumir que fue más o menos al mismo tiempo de su divorcio. Mi madre nos tenía a los cuatro en o a punto de entrar a la preparatoria y las reglas del teléfono se fueron a la basura cuando entró en su modo combate.

Pero la exigencia de buenos modales se mantuvo intacta y sin importar qué tan salvajes o borrachos nos pusiéramos, siempre nos mantuvimos como los amables niños Sincero: «¿En qué puedo ayudarlo, oficial? Gracias, oficial. Sí, señor, esa es mi marihuana». No sólo las palabras «por favor» y «gracias» están tan tatuadas en mí como la receta de salsa roja de mi padre o como saber que no está bien matar gente; ser amable siempre me pareció una obviedad. Además de que te hace sentir como una buena persona, la gente casi siempre hará lo que les pides si lo haces de una buena manera, y si no, no lo harán. ¿No lo creen? Por eso me sorprende cuando alguien mayor a cinco años es grosero o cuando olvidan dar las gracias cuando alguien hizo algo por ellos, sea a mí, a otras personas o al Universo en general.

No sé ustedes, pero cuando alguien no da las gracias después de que hice algo por ellos, me parece tan grosero como si se hubieran presentado sin llevar los pantalones puestos. Pues el Universo se siente igual.

Te desconectas del suministro de cosas maravillosas cuando no estás en un estado de gratitud.

Ser agradecido va más allá de los buenos modales. Los modales son parte de la costumbre, la gratitud es parte de *ser*. Todos pueden mostrar una buena cara aunque no se sientan de esa manera, pero ser agradecido es tener consciencia de los milagros que hay en tu vida y saber apreciarlos.

Piensa en cómo se siente cuando puedes agradecerle verdaderamente a alguien algo que haya hecho por ti. Te sientes fantástico al haber recibido lo que sea que te haya dado, de poder darle las gracias, y esa persona se sentirá fantástica por haberte dado lo que sea que te haya dado y por ser apreciada, lo que te hace sentir aún mejor, lo que hace que esa persona se sienta aún mejor... podrían pasar el resto de su vida escribiéndose cartas de agradecimiento. Al sentirte tan bien de estar en un estado de gratitud, elevas tu frecuencia, te conectas directamente con la Fuente de Energía y te pones en una mejor posición para conseguir mejores cosas y experiencias que te hagan sentir bien.

Sucede exactamente lo contrario cuando te decepcionas, te enojas, culpas a alguien o simplemente no pones atención; bajas tu frecuencia y te desconectas de la Fuente de Energía, por lo que no estarás en un estado tan poderoso para poder obtener cosas o experiencias buenas en tu vida.

Todo eso es fabuloso y grandioso, pero aquí es cuando el tema de ser agradecido se pone bueno. Hay muchas maneras de sentirte bien y elevar tu frecuencia para acercarte a la Fuente de Energía, pero con la gratitud estás expandiendo la energía positiva al mandar agradecimientos, lo que hace que la energía positiva se refleje en ti. Toda acción tiene una reacción igual, pero opuesta. Esto hace que el proceso de manifestación sea aún más poderoso.

Es como la diferencia entre ver que alguien se muere de la risa por algo o ver que se mueren de la risa *por algo que tú dijiste*. En el primer ejemplo te sientes tan bien y te ríes tanto como ellos, lo que eleva tu frecuencia, pero en el segundo ejemplo no sólo estás con ellos en una frecuencia alta, sino que están *intercam-*

biando energía en una frecuencia alta. Su risa es una manera de agradecerte por decir algo gracioso y eso tiene un golpe mucho más fuerte y una conexión más estable.

Como bien explica Wallace Wattles en *La ciencia de hacerse rico*: «No puedes ejercer mucho poder sin gratitud, pues esta es la que te mantiene conectado con el poder».

«Sin gratitud no tienes poder alguno», ¡qué palabras tan fuertes, Wattles! Cuando mandas continuamente esta energía de gratitud, la recibes de regreso y te acerca a la Fuente de Energía. Elevas tu frecuencia con cada intercambio hasta que llegas al instintivo conocimiento de que estás hecho de lo mismo que la Fuente de Energía y que, consciente o inconscientemente, manifestaste tu realidad de la infinita nada y del interminable todo. La gratitud se conecta con la verdad de que puedes tener todo lo que busques, además de que tú *eres* poder, lo que quiere decir que cuando eres agradecido con la Fuente de Energía, eres agradecido contigo mismo. Lo que me lleva a lo más importante de todo: el amor propio. ¡Tarán!

> Mientras más permanezcas en un estado de gratitud
> y enfocado en lo que es bueno, más fuerte será tu
> conexión con la Fuente de Energía y podrás obtener
> lo que aún no es visto en tu realidad de manera
> más fácil y cómoda.

Ese es el poder extremo de la gratitud, pero, espera, ¡hay más! La gratitud también fortalece tu fe.

Fe es tener el descaro de creer en lo que aún no has visto.

La fe es el músculo que usas cuando decides salir de tu zona de confort y transformar tu vida en algo prácticamente irreconocible para ti en tu realidad actual. La fe asfixia el miedo a lo desconocido. La fe te permite tomar riesgos. La fe dice: «Brinca y la red aparecerá».

La fe es tu mejor amiga cuando sientes tanto miedo que podrías hacerte del baño en tus pantalones.

Cuando estás en un estado de gratitud constante y consciente de todas las maravillas que ya existen, la fe hace que sea más fácil creer que hay aún más cosas maravillosas de donde llegaron las primeras y que esas maravillas están disponibles para ti. Ya recibiste cosas maravillosas antes, así que por supuesto puedes recibir cosas maravillosas de nuevo. La gratitud fortalece tu fe y tener una fe poderosa es el ingrediente principal para transformar tu vida.

Lo anterior me trae al gran final de la gratitud: si quieres ser el mejor en su manifestación, tienes que llegar a un punto en el que tengas una fe inquebrantable y una gratitud incansable hacia aquello que deseas. Así es como sucede la magia, porque *mezclar la fe con la gratitud es el Santo Grial de la manifestación.*

Pero esto exige una maestría nivel *jedi* ya que, en pocas palabras, requiere que creas en lo aún no manifestado, tener fe y estar agradecido por ello. En otras palabras, tienes que estar agradecido por tus amigos imaginarios y tu vida imaginaria. Así es.

No importa lo ridículo que te suene, estoy segura de que ya lo estás haciendo consciente o inconscientemente de alguna manera en tu vida. Un ejemplo muy sencillo en mi vida es encontrar un lugar de estacionamiento; hasta donde puedo recordar, siempre he encontrado lugares fantásticos, justo en frente de la entrada de donde quiera que vaya. No importa si quiero estacionarme frente a la casa del papa en domingo de pascua, si no quieres caminar, más vale que viajes conmigo.

Siempre he «cazado» mi lugar de estacionamiento de la misma manera: como un pensamiento relajado, pero seguro, de algo que es un hecho. El lugar perfecto es el mío y genuinamente soy muy feliz y agradecida por encontrarlo; verdaderamente lo *creo*. Entonces, como siempre pasa, alguien se va y yo me meto. Pero, sin importar con qué frecuencia me suceda, siempre me emociona cuando sucede. Nunca asumo que pasará y soy una máquina de gratitud antes, durante y después de que conseguí mi excelente lugar de estacionamiento.

Ser agradecido por lo que aún no has recibido le manifiesta al Universo que sabes que lo que quieres ya existe y te coloca en la frecuencia correcta para recibirlo.

Si quieres cambiar radicalmente tu vida, debes fortalecer la creencia de que vivimos en un Universo abundante y benévolo, y estar agradecido por todo lo que ya has conseguido y por todo lo bueno que está por llegar. Sé agradecido de poder tener todo lo que desees y después aviéntate al vacío para conseguirlo.

Cambia tu drama de cómo no puedes obtener lo que quieres por la gratitud y la expectativa de que los milagros llegarán a tu vida; entonces, será mucho más común que esos milagros sucedan.

Aquí hay unos cuantos métodos con los que puedes practicar:

1. ESTO ES BUENO PORQUE...

Cuando algo excelente o mediocre o aburrido o molesto te pase, enfréntalo con esta declaración: «Esto es bueno porque...» y completa la oración. Cuando logres que eso sea un hábito común, verás que es mucho más fácil ser agradecido por más de lo que esperas.

«Es bueno que se me haya ponchado una llanta de camino a casa después de recoger a mis hijos, porque les pude enseñar cómo actuar ante una situación inesperada. Además, pasamos tiempo de calidad en el coche jugando 20 preguntas, mientras esperábamos a que llegara la aseguradora. Así me di cuenta de que molestan a mi hija en la escuela».

Es importante poder encontrar maneras de ser agradecido por *todo* lo que manifiestes, aunque sean cosas a las que prefieras decirles «no, gracias». Si te enfocas en los aspectos negativos de las cosas más difíciles que te sucedan, sólo disminuirás tu frecuencia, que te mantendrá concentrado en el dolor y el resentimiento, atraerá más cosas negativas a ti, te enfermará y seguramente te pondrá de malas. Si en vez de eso mejor buscas maneras de estar agradecido con todo lo que sucede en tu vida, no sólo elevas tu frecuencia, sino que creces al estar abierto a recibir una lección.

Es verdad que esto a veces resulta muy difícil y que hay situaciones en la vida que apestan por completo y nos dejan ahí, parados, preguntándonos de qué se trató todo eso. A veces tardamos años, si es que sucede, para poder pensar en retrospectiva y decir: «¿Sabes qué? Necesitaba que ese tarado me rompiera el corazón en mil pedazos. Estoy mucho más feliz con el hombre con el que me casé».

Encontrar lo bueno de las cosas que nos pasan y las lecciones que traen consigo nos permite dejarlas atrás y seguir adelante, en busca de nuevas experiencias. Si quieres quedarte atascado en el mismo lugar y que te sigan dando las mismas lecciones una y otra vez, sé negativo, rencoroso y conviértete en una víctima. Si quieres dejar atrás tus problemas y hacer que tu vida mejore, sé agradecido, busca lo bueno y aprende.

2. ESCRIBE TUS CARTAS DE AGRADECIMIENTO

Cada noche, antes de ir a dormir, recapitula sobre tu día y escribe o haz una nota mental de diez cosas en tu vida por las que estés agradecido. Puede ser cualquier cosa: desde estar agradecido por las flores de tu jardín, porque tu corazón late perfectamente bien por una hora o por la larga visita de tu vecina quisquillosa que te hace agradecer que no tienes su vida.

Detenerte y reflexionar a lo largo del día acerca de todas las cosas por las que puedes estar agradecido es una gran manera de mantener tu frecuencia alta todo el tiempo. Trata de recordarlo todo el tiempo, pero cuando menos hazlo parte de tu rutina de la tarde.

3. ÁMATE A TI MISMO

Sé agradecido por todo lo que eres y por todo en lo que te estás convirtiendo.

CAPÍTULO 15

PERD⊙NA ⊙ PÚDRETE

*Perdonar significa renunciar
a toda expectativa de un pasado mejor.*

LILY TOMLIN, actriz, escritora,
comediante, disfruta del absurdo

¿Cuándo fue la última vez que te lastimaste físicamente? ¿Qué hiciste para que el dolor se detuviera? ¿Cuánto tiempo esperaste para hacer algo al respecto? Cuando sentimos dolor físico, somos extremadamente proactivos para encontrar algo que lo haga desaparecer porque obviamente duele. Aun si eso quiere decir causarnos más dolor al verter algún tipo de desinfectante que haga arder una herida abierta o sufrir al recibir puntos; lo hacemos de inmediato porque estamos enfocados en nuestra máxima meta: sentir alivio.

Cuando se trata de nuestro dolor emocional, parecemos estar dispuestos a averiguar cuánta tortura podemos resistir, ya sea llorando por culpa, vergüenza, arrepentimiento u odio propio; a veces pasamos la vida entera sintiendo esto. Prolongamos nuestra miseria al aferrarnos a nuestros sentimientos enfermizos: hablamos mal de nuestra suegra, fantaseamos con bajarle los pantalones a nuestro jefe charlatán e incompetente frente a toda la oficina, le echamos la culpa a alguien más y solemos darle vueltas y vueltas en nuestra mente a la razón por la que nuestros enemigos están equivocados y nosotros no.

Revivimos nuestros peores momentos una y otra vez en lugar de dejarlos ir; nos arrancamos las costras emocionales, rehusándonos a que sanen y a que el dolor disminuya. No descansamos hasta asegurarnos de que ese alguien se sienta tan mal como nos hizo sentir a nosotros. «¡Si tengo que sufrir toda la vida, me aseguraré de que veas cómo me hiciste daño!». Nos aferramos a resentimientos que sólo ocupan espacio en nuestro cerebro, hacen que desperdiciemos el tiempo, nos marean, enojan, deprimen y, muy frecuentemente, nos enferman físicamente. A veces llegan hasta a matarnos porque... mmm, ¿por qué será?

Arrastrar culpa, vergüenza, resentimiento y odio es dejar que el Gran Bodrio dirija el espectáculo, hacer un berrinche es exigir que te den la razón y volteen a verte. Por otro lado, a tu ser superior no le importa lo que alguien más pueda pensar o hacer, porque tu ser superior está locamente enamorado de ti mismo y eso es lo único que importa. Lo que haya pasado ya pasó. Aferrarte a ello no cambiará nada, sólo mantendrá vivos los sentimientos negativos del pasado, te esclavizará a tu dolor y bajará tu frecuencia.

> Cuando decidas perdonar y dejar que tus sentimientos
> negativos se derritan, estarás en el camino
> a la libertad.

Perdonar se trata de cuidarte a ti mismo, no a la persona que debes perdonar. Es poner tu deseo de sentirte bien por encima del deseo de tener la razón. Es aceptar la responsabilidad de tu propia felicidad, en lugar de pretender que está en las manos de alguien más. Se trata de tener acceso a todo tu poder tirando a la basura el enojo, el resentimiento y el dolor.

Aferrarte al resentimiento es como tomar veneno y
esperar que mate a tus enemigos.

Si estás teniendo problemas con alguien cercano a ti, expresa tus sentimientos sin echarle la culpa y, *sin importar lo que suceda*, perdónalo. Platicar las cosas podría unirlos aún más o tal vez te des cuenta de que ya no quieres pasar tanto tiempo con esa persona, pero como sea, si quieres ser libre, tienes que dejarlo ir.

Si le tienes rencor u odio a un imbécil que ni siquiera te importa, libérate y déjalo ir, en vez de molestarte y querer tener la venganza perfecta mandándole una caja llena de ratas por correo. ¿Qué te importa si entiende lo tonto que es o no? ¿Cómo te beneficia eso? Y no finjas que es porque quieres ayudarlo a ser una mejor persona. Eso no te importa. Quieres algún tipo de pago, una disculpa o que reconozcan que tienes la razón. Supéralo, déjalo ir; mientras más tiempo pases pensando en reivindicarte, más tiempo se quedará ese sentimiento en tu cerebro, apestando toda tu vida. No caigas en la falsa creencia de que cuando perdonas a alguien lo liberas, pues cuando perdonas a alguien quien se libera eres tú.

Perdonar no se trata de ser amable con alguien más, se trata de ser amigable contigo mismo.

Muy bien, ahora que lo entiendes a la perfección, ¿cómo le harás para dejarlo ir? ¿Cómo perdonarás al desgraciado?

1. ENCUENTRA LA COMPASIÓN

Encontrar la compasión para ti o para alguien que te hizo algo tan, pero tan nefasto es como arrancarte una bala del brazo: puede ser que al principio grites, patalees y lo odies, pero a largo plazo es la única manera de comenzar a sanar.

Uno de los mejores trucos para hacer esto es imaginarte que la persona a la que le guardas resentimiento es un niño; piensa que esa persona actúa basándose en el miedo, que hace lo que cree correcto para protegerse y que lidia con su propio sufrimiento de la única manera en la que sabe cómo enfrentarlo. La gente actúa de maneras equivocadas porque siente dolor o está confundida, o ambas cosas. Entender esto e imaginar que la persona a la que quieres decapitar es un dulce e inocente niño con la mirada de un cachorro te ayudará a encontrar compasión, la llave para perdonar. Lo mismo sucede con algo que sientas que debes perdonarte. Tú también eres un pequeño conejo tratando de averiguar cómo funcionan las cosas. Encuentra compasión para ti, ya que no eres más que un bebé, y deja que todo fluya.

2. BORRA A LA OTRA PERSONA DE LA ECUACIÓN

Imagina que tienes dos empleadas que no llegaron a trabajar el mismo día, te abandonaron y tuviste que encargarte de todo la mañana antes de una importantísima presentación. Una no llegó porque estaba cruda y no se pudo levantar, pero la otra se enteró de que su amada madre murió y tuvo que salir corriendo al aeropuerto, sólo que entre tantas emociones se le olvidó llamarte.

Es el mismo resultado, te abandonaron y tuviste que hacer todo el trabajo solo, pero hay dos maneras completamente opuestas de reaccionar. Lo que significa que… ¡tienes una opción! Con una te arriesgas a que una arteria se te reviente por el enojo y con la otra abres tu corazón.

Otra opción es imaginar que estás disfrutando el día en tu nuevo bote y de repente uno vacío llega y choca contra ti, rayando el tuyo. Si no hay nadie en el otro bote, no hay con quién enojarse, por lo que tomarías las cosas con más calma y curiosidad. Si hay algún idiota manejándolo y choca contigo porque estaba viendo el celular, es probable que te vuelvas loco y empieces a decir cuanta grosería te sepas. Se trata de la misma situación, un rayón en tu bote, pero con dos maneras muy diferentes de reaccionar.

Cuando alguien te hace algo horrible, saca a esa persona de la ecuación para que puedas pensar en una reacción y en una vida más placentera y productiva. De todas maneras no se trata de ellos, se trata de ti. Si no tienes con quién enojarte, es muy complicado que te enojes. Así abres el incidente a las preguntas: ¿por qué pasó esto? ¿Por qué estuve involucrado? ¿Cómo atraje esto a mí? ¿Qué puedo aprender de esto? ¿Cómo puedo encontrar compasión para todos los involucrados? Cuando te consume el resentimiento, la lección no puede penetrar tus gritos internos y externos. Hazte un favor y usa a las personas y situaciones molestas como crecimiento, no como dolor.

3. DECIDE QUE PREFIERES LA FELICIDAD ANTES QUE LA RAZÓN

A veces el camino a la libertad está en decidir que prefieres ser feliz antes que tener la razón. Sí, tu amiga idiota debió haber pagado la multa cuando tomó tu coche prestado o tu hermano no debió haber rasurado al perro cuando estaba cuidando tu casa, pero si ellos no lo ven de esa manera, en lugar de darle vueltas día tras día, ¿no crees que se sentiría mejor dejarlo ir? ¿Realmente vale la pena cargar tantos sentimientos negativos sólo para que te den la razón? Piénsalo: «¿Qué tengo que hacer o no hacer, pensar o no pensar, para ser feliz en este momento?», y si la respuesta es: «Deja que el tonto crea que tiene la razón», entonces que así sea.

4. VELO DESDE TODOS LOS ÁNGULOS

Es importante recordar que todos viven su propia ilusión auto-creada y que no tienes idea de por qué hacen lo que hacen o con qué motivo, así que, por más que creas que algo no está bien, en su ilusión podría estar permitido y *tu manera* podría ser la equivocada. Velo desde otra perspectiva, no tomes la actitud de «O es como yo quiero, o no se hace», deja entrar un poco de aire y sorpréndete con lo rápido que el resentimiento sale por la ventana.

Por ejemplo, le mandas un mensaje a una de tus mejores amigas invitándola a una cena que harás y a la que quieres que asista. Ella te responde que no puede ir porque es su cumpleaños, tú le envías una disculpa y una carita triste. No recibes respuesta alguna, así que mandas un «¡Feliz cumpleaños!». No sabes nada de ella aún, así que decides volverte loco; pasas de sentirte mal por haber herido sus sentimientos a pensar en qué tipo de adulto se preocupa tanto por su cumpleaños y llegas a preguntarte cuánto tendrás que gastar en un regalo para aliviar tu culpa. Lo que no sabes es que ella sin querer tiró su teléfono en la taza del baño justo después de contestar tu mensaje.

Al ser inquisitivo en lugar de esclavo de tus reacciones hacia las demás personas consigues un bonus doble: no sólo te preparas para perdonarlos más fácilmente, porque te das cuenta de que se trata de ti, no de ellos; también recibes el gran regalo de abrirte a tus cualidades no tan especiales en las que puedes mejorar y de las que puedes aprender (encuentra mucho más acerca de esto en el capítulo 21, «Millones de espejos»).

En su brillante libro (es en serio, ve a comprarlo) *Amar lo que es: cuatro preguntas que pueden cambiar tu vida*, Byron Katie dice: «No nos apegamos a las personas o a las cosas, nos apegamos a los conceptos no investigados que creemos que son verdaderos en ese momento». Por ejemplo, según lo que leímos anteriormente, en lugar de apegarte a la «verdad» de que esa persona no contesta tus mensajes porque está molesta, lo único que tienes que hacer es preguntarte: «¿Por qué me estoy obsesionando con algo que ni siquiera puedo comprobar si es cierto?», o «¿Cómo me sentiría si no asumiera que mi amiga está enojada conmigo?». Literalmente podrías estar a una pregunta de ser feliz en una situación que podría parecer molesta de otra manera.

5. HAZ UN BERRINCHE

Ve a algún lugar alejado de todos y golpea una almohada, un colchón o cualquier otra cosa suave, inanimada, que no te lastime y que no vaya a devolverte el golpe. Haz ruido y grita sobre lo egoísta y asqueroso que está siendo esa otra persona, hazlo al cien por ciento hasta que te canses o alguien llame a la policía por tantos gritos. Sácalo de tu sistema por completo y después olvídalo.

6. RECUERDA QUE NI SIQUIERA LO RECORDARÁS

Trata de pensar en alguien con quien estabas enojado hace tres años. ¿Puedes pensar en alguien? En caso de que recuerdes alguien, ¿te enoja en este momento? Lo que sea o quien sea que debas perdonar en este momento no será más que un punto en medio de la nada (aunque, claro, todo dependerá de la severidad de la situación). Entonces, ¿por qué hacer todo un drama si algún día lo olvidarás por completo? Velo como una insignificancia futura y empieza a perdonar y a olvidar de una vez.

Sobre el perdón, lo que tienes que *hacer* no es nada difícil. Es como dejar de fumar, realmente haces menos que cuando estás fumando. No tienes que ir a la tienda a comprar cigarros, no tienes que abrir el paquete, encender uno, encontrar un cenicero, etcétera. Lo único que tienes que hacer es parar. El único trabajo está en olvidar el apego autocreado hacia los cigarros. Lo mismo sucede con el perdón. Lo único que tienes que hacer es olvidar el apego autocreado hacia esa persona o creencia.

7. OLVÍDALO

Cuando realmente perdones a alguien bórralo del pizarrón. Juzgamos con mucha frecuencia a las personas y, sin importar lo que hagan, los seguimos juzgando bajo el mismo lente, lo que significa que sólo estamos esperando a que nos hagan enfadar. Lo que también quiere decir que todavía estamos en un estado en el que no hemos perdonado; pretendemos estar bien, pero en realidad nos seguimos aferrando al resentimiento. Libera todas las expectativas, no culpes a los demás, trata a las personas como si fueran alguien nuevo una y otra vez. Espera sólo lo mejor de ellos, sin importar lo que hayan hecho en el pasado, y te sorprenderá lo que puede pasar. En aquello que te enfocas es en lo que crees, así que si sigues esperando que alguien te moleste, seguro no te decepcionará. Enfócate en sus mejores atributos y estimula un buen comportamiento si quieres crear un poco más de eso.

8. ÁMATE A TI MISMO

Lo mereces.

CAPÍTULO 16

AFLOJA EL HUESO, VILMA

No remas contra corriente, remas con ella.
Y si mejoras, tira el remo por la borda.

KRIS KRISTOFFERSON, cantante, autor,
actor, exbecario Rhodes, supersexy
aunque tenga sus añitos

H ace varios años tuve un viaje a la India que cambió mi vida. Por si aún no lo has atestiguado de primera mano, India está llena de vida, plagada de colores brillantes, autos tocando el claxon, vacas deambulantes, trenes llenos, barrios infinitamente pobres, complejos palacios, templos antiguos y un dulce aroma a incienso. Está, literalmente, desbordada de humanidad, conversaciones, cánticos y gente sentada en el techo del tren porque está sobrevendido. Tus únicas opciones son: 1) ir con la corriente y empezar a conocer a tu vecino o 2) cultivar un enorme y gordo tumor por el estrés. Lo que quizá causó mi mayor asombro ahí fue cómo la mayoría elegía la primera opción.

En la India, algunas personas te abrazarán si te quedas dormido a su lado, bajarán sus ventanas para hablar contigo en el tráfico, observarán con detenimiento cómo tú no eres indio, te ayudarán si estás perdido, insistirán en que te metas a la foto familiar en un momento histórico, te invitarán a su casa a tomar té, eructarán y se reirán en tu cara... Es muy molesto, pero, al mismo tiempo, muy dulce. Todo eso me hace pensar que ellos saben algo importante que a mí se me había olvidado hace mucho tiempo (y que creo que el mundo entero ha olvidado por completo). No tuve que oscurecer el marco de un *ashram* o poner un punto rojo en mi frente ni participar en cualquiera de las miles de opciones espirituales que con tanta fama ofrece el país, ¿quién las necesita? Según mi experiencia, en la India puedes aprender prácticamente todo sobre espiritualidad haciendo un viaje de doce horas en camión en época de bodas.

Cuando compré mi boleto en el autobús Súper Exprés de Lujo hacia Delhi desde Agra, sede del Taj Mahal, me dijeron que estaba haciendo una compra inteligente al pagar cuatrocientas rupias extras, pues sería un viaje de cinco horas sin paradas, en lugar de las diez horas y de las incontables escalas que hace un camión local. Estaba tan exhausta después de tres días sin dormir divirtiéndome en un festival de camellos en el desierto que pensar en dormir todo el camino en un Súper Exprés de Lujo sonaba bastante bien. Pero lo que me tocó fue un asiento al lado del señor Amigable, un hombre de mediana edad que hablaba tres palabras de inglés y que insistía en hablar conmigo, aunque, según yo, estaba haciendo un buen trabajo fingiendo que estaba dormida y uno mejor aún al no tener idea de lo que me estaba diciendo.

El autobús salió una hora tarde por una enorme confusión y sobreventa de boletos, y tardó casi dos horas en salir del pueblo gracias a que era noviembre, plena época de bodas. Las bodas en la India tradicionalmente son una ceremonia que dura días, se expande a lo largo de varios kilómetros, recibe a quien se ponga enfrente e incluye un desfile por las calles del pueblo con todo y caballos, banda musical, fuegos artificiales, un auto con música típica a todo volumen y anuncios sobre la boda y un montón de personas con lo que parecían ser lámparas en la cabeza. Mi camión terminó atascado en una boda diferente cada diez minutos, lo que significó que cada vez que nos deteníamos la gente del autobús se bajaba a unirse a la fiesta.

Cuando por fin salimos del pueblo, nos seguíamos deteniendo a cada rato para dejar que personas se subieran o bajaran en medio de la nada, tomaran té, fumaran, platicaran y tal vez encendieran una fogata en un arbusto cercano, en una zanja, o a que amarraran enormes y esponjosos sacos de quién sabe qué al toldo. En un momento se subió un hombre que estaba parado afuera, en la oscuridad, lo recogimos sin que el camión se detuviera y tomó su lugar en el autobús, parado a mi lado, y empezó a gritar en hindi. Mis compañeros de viaje respondieron con aplausos y vitorearon, algunos cantaron y otros se quedaron sentados en silencio, yo buscaba un asiento lejos de su boca. Me levanté y caminé hacia unas viejas bancas alrededor del cuarto del chofer que estaba detrás de una pared de cristal. La gente me hizo un hueco y de pronto sentí como si estuviera viendo una película de acción en una tele del tamaño de un parabrisas de autobús. Acelerábamos por un angosto camino de tierra en una aldea diminuta, en la radio sonaba música de Bollywood, mientras personas, cabras y monos brincaban fuera del camino; la velocidad sólo disminuyó cuando nos acercamos a la todopoderosa vaca. Entonces, nos detuvimos en un pequeño pueblo en medio de la nada. ¿Tal vez para comprar más chai? ¿Tal vez para visitar a un amigo? ¿Tiene que ir al baño? ¿Quiere ir a caminar una hora mientras todos lo esperamos sentados? El chofer me señala que lo siga y sale del autobús seguido de todos los demás. Resultó que el señor Gritón era un hombre santo que estaba preparando a la gente para un tour de los templos de una hermosa aldea llamada Vrindavan, que es, según aprendí después, el lugar donde Krishna conoció a su esposa Radha y donde les construyeron cientos de templos en su honor.

Así que por las siguientes dos horas me encontré deambulando por incontables templos, tirando alegremente flores en altares, tomando la mano de mis compañeros y dando vueltas a una estatua de Krishna, cantando con solemnidad, rezando y aplaudiendo, pero lo único que podía pensar era en lo violento que se pondría un autobús de Nueva York a DC en una situación así. Mientras tanto, nadie en nuestro autobús estaba esperando algo así, y nadie se quejó, aunque, cuando por fin regresamos al autobús, era la hora en la que se suponía que debíamos estar llegando a Delhi y seguíamos a cinco horas de ahí. Más bien todos agradecieron y le dieron propina al hombre santo, todos pasaron el resto del viaje hablando uno con otro. Después de eso nos detuvimos en un restaurante sobre el camino para cenar y tuvimos un descanso para ir al baño. Finalmente, me encontré despertando a la familia con la que me hospedaba en Delhi a las tres de la mañana. Ellos, obviamente, actuaron como si fuera mediodía e insistieron en que nos sentáramos a tomar una taza de té.

Esto es lo que la India me enseñó sobre conectarme con la Madre Naturaleza:

- Platica con extraños, en este planeta todos somos familia
- Espera y disfruta lo inesperado
- Encuentra el humor
- Únete a la fiesta
- Vive en el presente
- El tiempo que pases divirtiéndote no es tiempo perdido
- Comparte tu espacio
- Afloja el hueso, Vilma

ÁMATE A TI MISMO

Y la vida se convertirá en una fiesta.

PARTE 4

CÓMO SUPERAR DE UNA VEZ POR TODAS EL GRAN BODRIO

CAPÍTULO 17

ES MUY FÁCIL UNA VEZ QUE TE DAS CUENTA DE QUE NO ES DIFÍCIL

La realidad es sólo una ilusión,
pero es muy persistente.

ALBERT EINSTEIN,
científico, maravillador

Una mañana, estaba sentada en mi casa californiana, leyendo el periódico con las puertas abiertas y el estéreo a todo volumen, cuando de repente un pájaro entró volando por la ventana. Estaba aleteando como un desquiciado, estrellándose contra lámparas y plantas, dejando hojas, plumas, popó y un desastre completo por doquier.

Intentando escapar, se estrelló contra la ventana mientras yo lo perseguía con una chancla, tratando de guiarlo hacia la puerta. Fue horrible verlo, el pobre estaba jadeando, con las pupilas dilatadas; su diminuto corazón estaba a punto de explotar de miedo mientras se estrellaba una y otra vez contra el cristal.

Por fin logré llevarlo hacia la libertad y después pasé varios minutos tratando de calmar mi propio corazón de pájaro, al mismo tiempo que veía la escena del accidente. Me imaginé su confusión y frustración: «¡Puedo ver el cielo! ¡Ahí está! ¡Si vuelo más rápido y fuerte, sé que puedo alcanzarlo!».

Me hizo pensar en la manera en la que muchos vivimos nuestras vidas. Podemos ver lo que queremos y casi nos matamos tratando de conseguirlo de una manera en la que no funciona. Si nos detuviéramos, si nos calmáramos por un minuto o dos y viéramos las cosas de otra manera, nos daríamos cuenta de que la puerta está abierta gracias a la linda chica de la bata del otro lado del cuarto. Lo único que tendríamos que hacer es volar por ahí.

¡Cuánto drama creamos nosotros mismos!

Estamos tan metidos en nuestros propios cuentos, «No tengo dinero, no soy lo suficientemente bueno, no puedo renunciar a mi trabajo, tengo flojera, no me puedo peinar», que caminamos con la cabeza agachada, aferrándonos a nuestras creencias falsas como si fueran salvavidas llenos de popó. Nos frenamos a nosotros mismos y no vemos el océano infinito lleno de posibilidades que tenemos enfrente.

¿Alguna vez has caminado por una calle un millón de veces y de pronto has notado una casa, buzón o algo tan impactante que no habías visto antes? ¿O de repente te has dado cuenta del color de ojos de alguien que conoces desde hace años? ¿O en algún momento has visto a tu madre y pensado: «¡¿Alguna vez estuve dentro de esta mujer?!»? Estas cosas no aparecieron de repente y las viste; siempre han estado ahí, sólo que nunca las viste porque tu enfoque estaba dirigido hacia algún otro lado.

Aquí hay un ejercicio muy bueno: en este preciso momento voltea a ver alrededor de dondequiera que estés y cuenta la cantidad de cosas rojas que encuentres. Tómate un minuto para contarlas. Ahora detente, voltea a ver fijamente esta página y trata de recordar todo lo que esté a tu alrededor que sea amarillo. Seguramente hay varias cosas amarillas, pero probablemente no lo notaste porque estabas enfocándote en las rojas.

Tu realidad se convierte en aquello en lo que decidas enfocarte.

Ese es apenas un pequeño ejemplo de lo que no estamos notando, pero que sí podemos ver. También hay una cantidad infinita de emociones, pensamientos, creencias, interpretaciones, sonidos, sueños, oportunidades, olores, puntos de vista, modos de sentirse bien, respuestas, no respuestas, cosas que decir y formas de ayudar. PERO, como estamos tan metidos en la manera en la que hacemos las cosas, comprometidos con nuestra historia sobre cómo somos y cómo se ve nuestra realidad que apenas arañamos la superficie de todo lo que está disponible para nosotros en cada momento. Mientras tanto, estamos rodeados de incontables versiones de la realidad y todas están paradas como un montón de niñas tímidas en el baile de graduación, recargadas en la pared, esperando a que las saquemos a bailar.

Como el poeta William Blake dijo con tanta elocuencia: «Si las puertas de la percepción estuvieran limpias, todo le aparecería al hombre tal y como es: infinito».

Entonces… ¿por qué crearías algo que no es completamente fantástico? Digo, sólo estamos hablando de tu *vida*. Si decides superar todas las razones por las que el dinero que tanto quieres es malvado o tu identidad como alguien que le teme a la intimidad o tu apego a un exceso de excusas que, según tú, son muy serias y reales, cuando en realidad no son más que algo lindo y ridículo, podrías crear la realidad que se te antoje.

Cuando me impresiona un nuevo surtido de excusas particularmente creativas que he creado o cuando empiezo a organizar un festival de vergüenza para mí misma, recuerdo a Ray Charles. No suelo escuchar su música, pero siempre que necesito una buena patada en el trasero pienso en Ray. Era pobre, ciego, pertenecía a una minoría racial, quedó huérfano a los quince años y creció en la «parte negra de la ciudad» cuando la esclavitud aún era un recuerdo latente; pero aun así, se convirtió en uno de los músicos estadounidenses más influyentes y exitosos de todos los tiempos. En pocas palabras, no perdió el tiempo en excusas.

Cada vez que comparo cualquier problema que pueda tener con los de Ray, de inmediato pienso «buen intento»; así me obligo a voltear a ver mi vida y mis excusas con una nueva perspectiva: «¿En serio? ¿Vas a dejar que eso te detenga?».

Lo único que tienes que hacer es tomar la decisión de dejar ir cualquier cosa a la que te estés aferrando y que no te sirva para alcanzar la vida que tanto anhelas. La vida es una ilusión creada por tu percepción y puede cambiar en el momento en que tú lo decidas.

Nuestra experiencia completa en este planeta se determina por cómo decidamos percibir nuestra realidad.

Ya sé, cómo no. No puede ser tan fácil; si fuera tan fácil, ¿cómo he pasado tanto tiempo estrellándome contra las ventanas del aburrimiento que yo mismo cree?

Antes de que te pongas de malas, recuerda: estos tropiezos son muy valiosos en las realidades en las que creemos estar atorados, porque nos ayudan a crecer, aprender y evolucionar; un mar picado hace a un buen marinero, pero es tu decisión cuánto tiempo pasas en la escuela y trabajas en los mismos problemas una y otra vez. Tu birrete y toga están lavados y planchados, te están esperando para cuando quieras ponértelos, lo único que tienes que hacer es dejar ir tu historia presente y reescribir una nueva que encaje con quien verdaderamente eres.

Si quieres unirte a esta fiesta y cambiar tu perspectiva, haz lo que digo en este libro (realmente HAZLO, no lo hagas a medias, y ya que lo estás haciendo, cree en ello). Estudia los recursos que sugiero al final de este libro y en mi página web. Comprométete a liberar tus apegos hacia los pensamientos y experiencias de baja frecuencia, confía en que el Universo te ama infinitamente, patea el miedo en la cara y aventúrate con valentía a lo desconocido.

Por cierto, también haz esto:

1. SÉ CONSCIENTE DE TUS CUENTOS

Los llamamos «cuentos» porque sólo son eso; no son verdaderos y pueden ser reescritos. Tú eres el autor de tu propia vida; no lo son tus padres, ni la sociedad, ni tu pareja, ni tus amigos, ni los abusivos que te decían «Gordizilla» en la prepa, y mientras más pronto decidas escribir un mejor guion más pronto puedes empezar a vivir una vida maravillosa.

Antes de que puedas deshacerte de tus historias, tienes que saber cuáles son. Escucha lo que dices y lo que piensas, y empieza a cachar tus propias mentiras. Nos acostumbramos y nos identificamos tanto con nuestros discos rayados que ni siquiera nos damos cuenta de que ni existen ni son reales. ¡Y aun así peleamos hasta la muerte para mantener su falsedad!

Escucha específicamente aquellas oraciones que empiecen con:

- ✤ Siempre…
- ✤ Nunca…
- ✤ No puedo…
- ✤ Debería…
- ✤ Apesto en…
- ✤ Deseo…

- Quiero (en vez de *haré* o *puedo*)…
- No tengo…
- Algún día…
- Estoy tratando de…

La triste Jane, que es abogada, cree que debería quedarse en el trabajo que odia en un prestigioso despacho de abogados porque nunca encontrará uno que verdaderamente le guste y le pague tan bien. «¿En serio? ¿Es por eso que nadie en la Tierra tiene un trabajo que ama y donde gane más dinero que tú, Jane?».

La descorazonada Sally dice que no puede encontrar a un buen hombre soltero porque no hay ninguno en las calles. «¿En serio, Sally? ¿Acaso todos los hombres buenos y alguna vez solteros ahora están casados, por lo que nunca encontrarás a uno, sin importar cuántas citas tengas o cuántas veces te pongas tacones? ¿Ese tipo que tu amiga Deb conoció fue el último sobreviviente del genocidio de buenos prospectos?».

El pobre Joe, entrenador personal, siempre se queja de que no puede ganar nada de dinero y que no hay clientes dispuestos a pagar altos precios. «¿En serio, Joe? ¿Ninguno? ¿En ningún lugar? Entonces, ¿cómo es que hay entrenadores personales con más clientes de los que pueden tener? ¿Cómo es que algunos han desarrollado sus propias bebidas energéticas y productos de ejercicio con sus fotos y los venden en la televisión?».

Otro buen momento de cachar tus historias es viendo las áreas de tu vida que se están hundiendo. Si constantemente estás enojado, tal vez tu historia sea «nadie me entiende». Si siempre estás pasado de peso, tal vez tu historia sea «no tengo autocontrol». Si no te invitaron a la cena de Acción de gracias porque no dejaste que nadie más hablara en las últimas tres festividades familiares, tal vez tu historia sea «nadie me pone atención».

Recuerda lo que Wallace Wattles dijo: «Pensar lo que quieres pensar es pensar la verdad, sin importar lo que parezca». En vez de fingir estar atorado en tu apestosa realidad, usa tu poder de pensamiento para cambiar de actitud y tu vida.

Empieza a poner atención: ¿cuáles son tus autosabotajes favoritos? ¿Qué te escuchas pensar y decir incansablemente hasta que sea verdad (dicho de otra manera: quién crees que eres)? Rompe tus propios discos rayados en este preciso momento para que puedas empezar a reescribir tu historia y crear el tipo de vida que amarías.

2. SÉ CONSCIENTE DE LAS «VENTAJAS» DE TUS CUENTOS

Prácticamente nunca hacemos nada que no nos beneficie de alguna manera, sea saludable o no. Si estás perpetuando algo deprimente en tu vida por alguna historia tonta, definitivamente algo tiene que te enganchó.

Digamos, por ejemplo, que tu cuento es que siempre estás deprimido. Es un hecho que aunque se siente horrible, cuando te sientes tan mal no tienes que trabajar tan duro, lavar la ropa o ir al gimnasio. Se siente familiar, cómodo y acogedor. Hace que la gente te ponga atención, se preocupe por ti, vaya a verte y a veces te lleve comida. Te da algo de qué hablar. Es una excusa perfecta para no tener que esforzarte demasiado y tener que enfrentar un posible fracaso. Te deja tomar cerveza en el desayuno.

Digamos que tu historia es que nunca tienes dinero. Al quedarte pobre te das la razón. Puedes ser una víctima, lo que te hace dependiente de otras personas y te consigue atención. Otras personas se ofrecerán para pagar. No tienes que hacerte responsable de nada, puedes rendirte antes de empezar para evitar cualquier posible fracaso. Si tu vida se vuelve mediocre, puedes culpar a otras personas y circunstancias, en lugar de asumir riesgos para cambiar tu vida porque no puedes permitirte ninguno.

Si tu cuento es que eres pésimo en las relaciones, tienes tu libertad. No tienes que comprometerte y puedes seguir buscando una pradera mucho más verde. No tienes que arriesgarte a que te lastimen al ser vulnerable. Puedes quejarte de siempre estar solo y recibir simpatía. Tienes la cama entera para ti solito, no tienes ningún compromiso y no tienes que rasurarte hasta el verano.

No nos damos cuenta, pero encontramos tantas ventajas en perpetuar nuestros propios cuentos que resultan más importantes que tener las cosas que verdaderamente queremos, ya que es un territorio conocido, en el que nos sentimos cómodos y que nos da miedo abandonar. Si hemos estado deprimidos o han abusado de nosotros, o lo que sea, desde que éramos niños, nos engañamos para creer que así es como somos en la adultez para seguir obteniendo esas «ventajas». Es como sobrevivimos de niños, pero ya no nos sirve, así que tenemos que deshacernos de ello o sólo seguiremos creando más.

Por ejemplo, digamos que creciste con un padre alcohólico y la manera en la que lograbas pasar desapercibido de su ira era no diciendo nada, nunca dejando que tú o tus deseos fueran visibles. Y ahora, eres un adulto que nunca dice la verdad y no se defiende de nadie. Sigues cosechando falsos beneficios, te la juegas a la segura, no te arriesgas a que te lastimen o a que te griten, pero este comportamiento te está lastimando porque, al esconderte y no defenderte, estás viviendo una vida en la que prefieres darte la vuelta y regresar a dormir todas las mañanas en vez de levantarte y enfrentar el día.

Cuando identifiques los falsos beneficios que obtienes al aferrarte a tus cuentos, puedes empezar el proceso de dejarlos ir y reemplazarlos con unos aún más poderosos que te sirvan ahora que eres adulto.

3. DESHAZTE DE TUS CUENTOS

Una vez que sepas cómo se ven tus monstruos, puedes matarlos. Toma tus listas de «no puedo», «debería» y «nunca», etcétera, y escribe un mar de consciencia en una libreta (ve el ejemplo de abajo). En verdad siente en tu cuerpo lo que estas recibiendo de esas viejas creencias, como «Me siento especial, puedo vivir con mis padres y nunca conseguir un trabajo». Haz una lista de estas falsas ventajas. Oblígate a escribirlas todas en una página. Siente la atención, lo especial, lo cómodo, la seguridad o lo que sea que creas que te dan, y entiéndelo. Date cuenta de lo que haces y siéntelo en su totalidad.

Ahora analiza tu lista de falsas ventajas y date cuenta de lo que verdaderamente son: pequeñas partes miedosas de ti que sólo se están luciendo. Agradéceles por tratar de protegerte y por brindarte compañía, pero diles que es hora de irse.

Entonces, reemplaza esos sentimientos que te daban las falsas ventajas con sentimientos de felicidad, poder y emoción al poder convertirte en quien verdaderamente eres y lo que esto te traerá.

Imagina una versión más pequeña de ti saliendo de tu cuerpo y a un fuerte adulto tomando su lugar. Inhala al adulto, exhala al niño y a su viejo cuento. Es como si por fin le quitaras las llaves del Ferrari a tu versión de siete años que ha estado manejando todo este tiempo y casi te ha matado en el intento. Imagínate como el adulto que llega a tomar el lugar del piloto.

Sigue visualizando, o escribe, cómo se siente que tu verdadero ser, el adulto, reemplace la historia del niño. Siéntelo, emociónate por ello. Toma la decisión de que estás listo para cambiar y tomar una acción positiva en la dirección que quieres ir.

Por ejemplo, digamos que la descorazonada Sally por fin se hartó lo suficiente y ahora está siendo honesta consigo misma para poder enfrentar sus problemas con las relaciones. Empezaría por entender sus historias:

- No puedo conocer a ningún hombre porque no quedan buenos
- No sé coquetear
- Nunca sé qué decirles a los hombres
- No soy atractiva para los hombres, al menos no para los buenos
- Asusto a los hombres
- No confío en los hombres
- No creo que haya alguien para mí

Una vez que tenga su lista (que podría alargarse varias páginas, por cierto, pero como ejemplo y porque quiero poder salir de la casa hoy, la dejaremos así), Sally puede inundar su libreta conscientemente sobre las falsas ventajas que recibe. Con inundar quiero decir que lo deje fluir, no puede editar o pensarlo de más, sólo escribir. En el caso de Sally, su libreta podría verse así.

«Al decir que no hay buenos hombres no tengo que asumir ninguna responsabilidad sobre por qué no estoy conociendo ninguno. Puedo sentirme victimizada y me doy la razón de estar soltera. Puedo probar lo malos que son los hombres al nunca haber estado con uno bueno. Mi dolor de sentirme no merecida y mi desconfianza de los hombres se comprueban al seguir soltera. Siento que sé lo que estoy haciendo y estoy en control al no dejar que nadie se acerque a mí. Me siento libre. Me siento segura. Me siento especial porque consigo atención rompiendo las reglas».

Repito, esto podría continuar durante muchas páginas, pero creo que ya entendieron el punto.

Una vez que tenga sus falsas ventajas en la página, Sally podrá empezar a enfocarse en ellas, sentirlas por completo, darles las gracias por tratar de protegerla (por favor, no queremos que esto se convierta en un ejercicio de odio interno) y dejarlas ir al reemplazarlas con poderosos cuentos nuevos.

Puede, literalmente, tomar cada una y reemplazarla por nuevas verdades. Por ejemplo:

> «Al decir que no hay buenos hombres no tengo que asumir ninguna responsabilidad sobre por qué no estoy conociendo ninguno».

Se convierte en:

> «El mundo está lleno de maravillosos y amorosos hombres y soy capaz de y estoy emocionada por conocer a uno bueno».

Y también:

> «Puedo sentirme victimizada y me doy la razón de estar soltera».

Se transforma en:

> «Soy poderosa y tengo el control de mi vida. Elijo al amor y quiero ser amada».

Además:

> «Puedo probar lo malos que son los hombres al nunca haber estado con uno bueno».

Da paso a:

«Amo y confío en los hombres, y estoy emocionada por estar pronto con alguno tan magnífico que me haga sonreír de tan feliz que soy».

Estos nuevos cuentos se convierten en su verdad y para que se mantengan debe enfocarse en ellos, respirarlos y sentir lo bien que la hacen sentir. Estos cuentos son sus nuevas afirmaciones (¿recuerdan eso?) que no sólo deberá escribir, repetir y bombardearse con ellas una y otra vez, sino que instantáneamente reemplazarán sus viejos cuentos si no sólo salen de su boca, si no que los integra a su mente con un hábito.

Revisémoslo, ¿de acuerdo?

1. Haz una lista con los viejos cuentos que se han convertido en un hábito de pensamiento y palabra.
2. Escribe acerca de las falsas ventajas que te dan.
3. Siente esas falsas ventajas, agradéceles su ayuda y decide dejarlas ir.
4. Toma cada falsa ventaja y escribe un nuevo y poderoso cuento para reemplazarlo.
5. Repite el nuevo cuento o afirmación una y otra vez hasta que se convierta en tu verdad.
6. Contempla tu nueva y maravillosa vida.

Nada en este mundo es permanente, y eso también incluye nuestros cuentos. Aun así, tratamos de aferrarnos a ellos por una falsa sensación de seguridad, lo que lleva al lamento y a la pérdida. Entrégate al cambio. Sigue reinventando tus historias conforme creces.

4. EMPIEZA A MOVERTE

Una vez que sepas cuál es tu historia y hayas hecho el trabajo que platicamos antes, entra en acción. Si alguna vez estuviste deprimida, pero decidiste dejarlo ir, deja de escuchar música melancólica, deja de hablar de lo mal que te sientes, deja de fingir que ponerte una bata cuenta como vestirte, etcétera. Mejor enfócate en lo bueno y haz aquello que ames hacer, haz un esfuerzo en lugar de colapsarte y ceder ante el ya conocido sentimiento de depresión.

Date cuenta de que has formado hábitos con esas cosas y cámbialas. Compórtate como una persona sin depresión, vístete como tal, júntate con las personas con quien se juntaría, habla como lo haría, haz las cosas que haría. Profundiza en el entendimiento de que puedes tener lo que desees. Esto no va a funcionar si sólo finges creerlo. No puedes decir: «Muy bien, voy a tener una cita, me voy a convencer de que me voy a divertir muchísimo, pero sé que va a ser horrible porque siempre es horrible, pero voy a intentar tener una buena actitud al respecto».

Sal al mundo e intenta disfrutarlo, pero si sigues creyendo que estás regido por tus viejas circunstancias, es como perdonar a alguien pero seguir esperando que se siente en algo mojado.

5. SAL DE LA RUTINA

Platica con extraños, ponte ropa nueva, ve a un supermercado distinto, hazle de cenar a alguien que quieras conocer mejor, cambia de pasta de dientes, ve al cine a las dos de la tarde en miércoles, apréndete tres chistes nuevos, camina más, date cuenta de cinco cosas maravillosas de tu casa que no hayas visto antes. Haz lo mismo con tus creencias, con tu madre, con tu rostro. Haz cosas que te saquen de la rutina y te sorprenderás de las nuevas realidades que se te presentarán, pero que siempre han estado ahí.

6. NO CAIGAS EN EL REMOLINO

También existe el famoso torbellino que te lleva a la oscuridad. En él empiezas a sentirte triste porque tu perro murió; entonces te das cuenta de que no sólo ya no tienes perro, sino que sigues soltera y siempre estarás soltera porque todos, hasta tu perro, te abandonan, lo cual tal vez no sería así si tus muslos no fueran tan gordos o si no fueras opacada por tu hermosa hermana que es básicamente la razón por la que nunca tuviste ni un poco de seguridad en tu vida y bla, bla, bla.

Siéntete triste, pero no dejes que explote en un gigantesco drama. Si algo negativo pasa en tu vida, siéntelo, aprende de él, déjalo ir y regresa a enfocarte en la vida que te emociona vivir.

7. ÁMATE A TI MISMO

Más de lo que amas el drama.

CAPÍTULO 18

PROCRASTINACIÓN, PERFECCIÓN Y UN BUEN BAR POLACO AL AIRE LIBRE

Para poder patearte el trasero primero tienes que levantar el pie.

JEN SINCERO, autora, *coach* personal, experta en autocitarse

Uno de mis primeros trabajos cuando salí de la universidad fue como coordinadora de producción para el Festival de Arte Étnico y Folclórico, organizado por un pequeño grupo sin fines de lucro en Nueva York. Me enteré del trabajo gracias a una amiga y decidí que tenía que ganarme el puesto, aunque no tuviera experiencia produciendo y pensara que el arte folclórico era un poco aburrido. Se veía como algo divertido: trabajaban desde una pequeña oficina en Tribeca, todos sabían mucho de música, podían llevar a sus perros al trabajo y el festival en el que trabajaría reunía a músicos, bailarines y artistas de todo el mundo en una gran fiesta en un bar polaco al aire libre en Queens.

Así que escribí un currículum en donde enlisté logros como producir obras de teatro en la universidad (obligué a que mis amigos fueran a ver a mi novio actuar), fundar varias organizaciones en la preparatoria (como un equipo de trineo que no tenía competencia y en el que sólo tuvimos una junta para descubrir cómo conseguir cervezas), trabajar en la estación de radio de la universidad (platicaba con mi amigo DJed mientras él trabajaba). Entonces me vestí con ropa de mi madre, que por cierto no me quedaba, y fui a la entrevista. Un par de horas después, mi bocota y yo teníamos un trabajo.

Esa noche me recosté en la cama con los ojos abiertos. Dios mío, ¿qué hice? ¡Soy un monstruo! Estas bellas personas con un corazón enorme y chanclas en los pies confiaron en mí y me dieron una lata de café llena de dinero que seguramente recolectaron durante un año entero, y yo soy la cabeza hueca que lo echará a perder.

Pensé en confesar lo que había hecho, pero como no quería perderme una buena fiesta, decidí intentarlo y terminé trabajando con más esfuerzo que nunca antes en mi vida. Decidí enfrentar la situación cara a cara y decidí que haría la mejor fiesta que el bar polaco hubiera visto jamás, y lo logré espléndidamente, si es que me permiten decirlo.

Logré que mis veintisiete amigos desempleados entregaran folletos, tomaran boletos a cambio de las ya mencionadas salchichas y cerveza gratis, ayudaran a sentar a los bailarines polacos en sus lugares, acomodaran a los vendedores de latkes y supervisaran el desfile de gaitas para que luciera sin un solo problema.

Si hay algo que verdaderamente quieres, no estoy diciendo, al menos no necesariamente, que deberías mentir para conseguirlo, pero sí estoy diciendo que te estás mintiendo a ti mismo si no lo intentas.

Al decir que no estamos calificados para algo, lo que decimos es que tenemos demasiado miedo de intentarlo, no que no podamos hacerlo.

La mayor parte del tiempo no es la falta de experiencia lo que nos detiene, sino la falta de determinación para hacer lo que sea necesario y así poder ser exitosos.

Ponemos tanta energía en crear excusas de por qué no podemos ser, hacer o tener las cosas que queremos y diseñamos las distracciones perfectas para frenarnos de nuestros sueños. ¿Imagínense qué tan lejos llegaríamos si nos calláramos y usáramos toda esa energía?

Aquí está la buena noticia:

1. Todos sabemos mucho más de lo que creemos saber.
2. Nos atraen las cosas en las que somos naturalmente buenos (lo que cuenta más que tener un diploma universitario en el tema, por cierto).
3. No hay mejor maestro que la necesidad.
4. La pasión derrumba el miedo.

En retrospectiva, me di cuenta de que estaba más preparada para el trabajo de lo que pensé. Soy hermana mayor, lo que significa que soy líder por naturaleza. Me encanta dar fiestas y puedo hablar con quien sea, aun con viejos rusos de setenta y seis años que no hablan inglés y se están volviendo locos al no poder encontrar sus mallas.

Después de eso, hice varias cosas más para las que «no estaba calificada», pero también pasé mucho tiempo fingiendo que no estaba lista para hacer cosas que verdaderamente quería. Sorprendentemente, las veces que me aventuré a hacer algo fue mucho más divertido que cuando me quedaba en casa «alistándome» sin hacer nada.

Ya sea un perfil en una página de citas en línea que no crees estar listo para publicar, un viaje que quieras tomar después de perder cinco kilos o un negocio que quieras abrir después de juntar suficiente dinero... ¡Empieza ya! Ahora. Haz lo que sea necesario. ¡Un camión de helados podría atropellarte mañana!

Una vez pasé un mes entero preparando mi oficina para escribir un libro. Conseguí la silla perfecta, puse el escritorio en el lugar perfecto al lado de la ventana, organicé todos los materiales que necesitaba y después los reorganicé tres veces, limpié el cuarto tanto que podrían haber operado a alguien en el suelo y después escribí el libro… en mi cocina.

La procrastinación es una de las formas más populares del autosabotaje porque es demasiado fácil.

Hay tantas cosas divertidas que puedes hacer para postergar o procrastinar y siempre hay alguien más dispuesto a hacerlas contigo.

Aunque puede ser superdivertido en el momento, poco a poco esa emoción negativa comienza a desaparecer y pocos años después sigues ahí sentado, sintiéndote como un perdedor y preguntándote por qué demonios no has logrado nada en tu vida. O por qué la gente que conoces está recibiendo impresionantes ascensos, tomando vacaciones alrededor del mundo o hablando sobre la más reciente apertura de un orfanato en Camboya en la radio pública nacional.

Si en serio quieres cambiar tu vida, encontrarás una manera. Si no, encontrarás una excusa.

Para poder ayudarte a llegar a donde quieres ir en esta vida, aquí hay unos cuantos consejos de cómo dejar de postergar las cosas:

1. RECUERDA QUE HECHO ES MEJOR QUE PERFECTO

Sube la maldita página de internet de una vez por todas, manda el paquete, haz la llamada o agenda una tocada aunque todavía no estés completamente listo. A nadie le importa o probablemente no se darán cuenta de que no esté al cien por ciento. De todas maneras y, honestamente, nunca nada será cien por ciento perfecto, así que más vale que empieces ya. No hay mejor manera de hacer las cosas que cuando tienes un ritmo, el momento es algo maravilloso y altamente infravalorado, así que párate y empieza. ¡AHORA MISMO!

2. DATE CUENTA DE DÓNDE ACABAS

Cuando estés trabajando en lo que sea que estés trabajando, o en lo que sea que finjas estar trabajando, ¿cuándo terminas exactamente? ¿Es cuando haces tu investigación? ¿O cuando haces una llamada intimidante? O bien, ¿cuando piensas en cómo recaudar dinero? ¿O justo después de comenzar? ¿O cuando tienes que comprometerte? ¿O cuando comienza a ponerse bueno? ¿O justo antes de que despegue? ¿O sin que hayas salido aún de la cama?

Si puedes señalar el momento exacto en el que dices: «¡Al diablo, me largo de aquí!», puedes prepararte para el resbalón inminente al contratar *coaches* personales, asistentes, preparándote psicológicamente, delegando esa tarea en especial o haciendo a un lado todas las distracciones.

Por ejemplo, digamos que descubres que cada vez que te sientas para conseguir una sala de juntas para hacer una llamada en conferencia, misteriosamente pasas horas en Facebook. Si eso te sucede, intenta desconectar el internet o ve a algún lugar desde el que puedas hablar sin tener acceso a este, como un parque, tu coche o Antártida. Después, decide que tienes que hacer al menos cinco llamadas antes de poder sentarte a ver si alguien comentó la foto que publicaste de tu gato mientras se comía una papa.

3. HAZ UNA APUESTA CON ALGUIEN SERIO

Una buena manera de hacerte responsable es hacer una apuesta con alguien que se asegure de que la cumplas. Debe ser alguien sin piedad, no pueden consentirte o «entender que hiciste tu mejor esfuerzo». Necesitas a una persona que te quiera ver humillado antes de escuchar tus excusas o que se presente en tu puerta con un saco, cuerda, piedras y vendas antes de que puedas huir de tu deuda. Asegúrate de perder algo que te duela, pero que no sea poco realista. Por ejemplo, le puedes apostar a alguien mil dólares a que tendrás el primer capítulo de tu libro escrito antes de una fecha determinada. Asegúrate de que sea una cifra que te duela pagar, pero que puedas alcanzar. Escribe el cheque a su nombre, ponle fecha y mantenlo en tu escritorio para recordarte lo que está en juego si no cumples con la meta. Si quieres incrementar el dolor, asegúrate de donar el dinero en vez de dárselo a un amigo, entrégalo a una causa que verdaderamente te haga vomitar. En lo personal he descubierto que este terror hace maravillas con mi autodisciplina.

4. ACÉPTALO Y HAZLO

Si eres el tipo de persona que deja todo hasta el último minuto y sabes eso de ti, ¿por qué perderías el tiempo volviéndote loco cuando no haces lo que deberías estar haciendo? Ve a la playa, tómate un trago y cuando la presión esté sobre ti, entonces trabaja. No hay nada peor que perder el tiempo estresándote o fingiendo trabajar mientras intentas divertirte, ni trabajas ni te diviertes. Es lo peor de ambos mundos. Descubre cuánto tiempo necesitas para terminar el trabajo y vete a hacer algo más hasta que sea la hora de volver a sentarte.

5. ÁMATE A TI MISMO

En este momento, sin importar dónde estés.

CAPÍTULO 19

EL DRAMA DE ESTAR AGOBIADO

He vivido una larga vida y he tenido muchos problemas,
la mayoría de los cuales nunca han pasado.

MARK TWAIN, autor estadounidense, cómico

Me he dado cuenta de que cada vez que decido escribir un nuevo libro, me es de gran utilidad tener una ficha diferente para cada capítulo. Pongo el título del capítulo en la parte superior de la ficha, escribo mis notas debajo y después las acomodo sobre la mesa para ver todo al mismo tiempo. Lo hice apenas unos días y fue muy emocionante. ¡Miren! ¡Mi nuevo y glorioso libro! Pero, dos segundos después, el pánico entró a mi cuerpo. «Oh, por Dios. Esos son muchísimos capítulos. ¿Cómo voy a terminar todo a tiempo?, mi fecha de entrega se está acercando y ni siquiera estoy segura de qué voy a poner en cada capítulo. ¿Qué estaba pensando, por qué no empecé esto hace ocho meses? ¿Será muy pronto para quejarme? Alguien ayúdeme, me estoy hundiendo…».

Cerré los ojos y decidí respirar profundamente. «Sólo. Haz. Un. Capítulo. A. La. Vez». Así que tomé una tarjeta de la mesa, abrí los ojos y era, por supuesto: «El drama de estar agobiado».

Me gustaría recordarte, a ti y a mí, que la mayoría del dolor y del sufrimiento en nuestras vidas es causado por los dramas innecesarios que creamos. Si nos encontramos, por ejemplo, en un estado catatónico de agobiamiento con las rodillas en el pecho y moviéndonos hacia atrás y hacia adelante, boquiabiertos, eso, al igual que todo lo demás en nuestra vida, lo único que necesita es un cambio de perspectiva para crear una nueva realidad.

La vida es un sueño. No la conviertas en una pesadilla.

Estamos tan increíblemente bendecidos al tener todo lo que tenemos, por todas las oportunidades, ideas, gente, tareas, intereses, experiencias y responsabilidades, que volverse loco en vez de disfrutarlo es como elegir cerdos antes que perlas. Un desperdicio de algo tan precioso y glorioso.

Para ayudarte a tener una perspectiva mucho más placentera en tu lista de tareas, tomemos las tres quejas más comunes cuando uno se siente agobiado y pongámoslas bajo otra luz:

1. NO HAY SUFICIENTE TIEMPO

Gracias al trabajo duro de gente con brillantes cerebros, ahora sabemos que el tiempo es sólo una ilusión. Mientras que la mayoría de las personas no sabe qué diablos significa eso, hay otro punto de vista que es mucho más fácil de explicar y entender: no tener tiempo es una ilusión. Por ejemplo:

«No tengo tiempo para encontrar un verdadero lugar de estacionamiento, así que me quedaré en este espacio de carga y descarga. Ah, mira, pasé tres horas que no podía perder sacando mi auto del corralón, otras dos perdiéndome en calles que no conozco y cuarenta y cinco minutos quejándome con mi esposa de todo lo que me pasó».

«No tengo tiempo para limpiar mi oficina. Ah, mira, pasé media hora buscando mi teléfono, que estaba escondido debajo de un montón de basura. Oh, y mira, mi teléfono no tiene batería y ahora tengo que buscar el cargador, que tal vez esté debajo de este montón de libros. Por favor, que esté aquí…».

Cuando se nos obliga a hacer algo, el tiempo está ahí. Lo que quiere decir que siempre está ahí, pero hemos decidido limitarnos a la creencia de que no existe. ¿Te has dado cuenta de cómo cuando tienes seis meses para hacer algo te tardarás seis meses en hacerlo, pero si tienes sólo una semana te tardarás esa semana? Cuando entiendas que el tiempo, como el resto de tu realidad, está en tu mente, puedes hacer que trabaje para ti en lugar de ser su esclavo.

Aquí hay algunos consejos para que comiences a tener el tiempo a tu servicio:

MUESTRA RESPETO

Si quieres tener más tiempo en tu vida, muéstrale respeto. Si constantemente llegas tarde, si dejas todo al final o si la gente no puede confiar en ti, no le estás mandando un mensaje al Universo, a otros o a ti mismo de que estás apreciando ese valioso tiempo que tanto deseas y que necesitas crear más.

Puedes crear cualquier cosa que desees, pero tienes que quererlo verdaderamente.

Si actúas como si el tiempo no fuera importante, como si valiera la pena desperdiciarlo y faltarle al respeto, no estás alineado con lo que dices que quieres, así que te costará mucho trabajo conseguirlo. Quiero decir, piensa en el tiempo como si fuera una persona. ¿Esperarías a que el tiempo siguiera contestando tus llamadas si lo trataras como un tonto que no vale la pena? Yo creo que no.

Si siempre llegas tarde, es hora de que empieces a llegar temprano. Si sueles cancelar planes, eres irresponsable o si olvidas tus citas, es hora de que cambies. Anota tus citas y asegúrate de mantenerlas. Pon una alarma en tu celular para recordarte que es hora de estar listo, a tiempo. Escribe cosas en la palma de tu mano. Mantén tu palabra si dices que vas a hacer algo. No se trata de física cuántica: si quieres tener una buena relación con el tiempo, entonces ten una buena relación con el tiempo. No sólo te ayudará a crear más tiempo en tu propia vida, sino que dejarás de ser la típica persona que desperdicia el tiempo de los demás.

MANTÉN A TUS AMIGOS CERCA Y A TUS ENEMIGOS AÚN MÁS CERCA

¿Qué sueles hacer en lugar de hacer lo que deberías estar haciendo? ¿Perdiendo el tiempo en Facebook? ¿Contestando correos? ¿Comiendo, aunque no tengas hambre? Una vez que conozcas tus distracciones favoritas puedes aprender a defenderte de ellas. Desconecta el internet o apaga tu teléfono mientras trabajas. Haz de la cocina un territorio prohibido hasta que acabes si eres de las personas que se para asombrado ante un refrigerador abierto. Tenemos tantos malos hábitos que a veces no nos damos cuenta de que los estamos haciendo. Una vez que conozcas tus debilidades puedes protegerte de ellas.

DIGIÉRELO

No hay nada más descorazonador que estar frente a una gigantesca tarea y preguntarte cómo lograrás terminarla. Así que no trates de comerte todo el filete de una sentada, córtalo en pedazos digeribles. Por ejemplo, en vez de caminar por toda la casa, de una habitación catastróficamente desordenada a otra, preguntándote cómo limpiarás todo (o pensando en una excusa para no hacerlo en lugar de empezar a hacerlo de una vez por todas), divide tu tarea en partes y enfócate en un solo cuarto a la vez. Nuestros cerebros pueden manejar muchísima información sin explotar, así que, al ver las cosas por separado, las tareas más complicadas se vuelven manejables.

Los cerebros aman los pedazos digeribles.

Digerir también funciona muy bien para el tiempo. Por ejemplo, si estás trabajando en diseñar una nueva página web, en vez de designar todo el día para trabajar, decide que trabajarás en pedazos de una hora. A lo largo de este tiempo no tienes permiso para pararte al baño, comer algo, revisar tus mensajes, navegar por internet, etcétera. Cuando tus sesenta minutos expiren puedes levantarte a hacer lo que quieras hasta que sea hora de tu próximo pedazo de una hora. Podemos hacer lo que sea por sesenta minutos. Nuestros cerebros se sobrecalientan cuando queremos hacerlo todo de una sentada.

2. HAY DEMASIADO POR HACER

¿Te has dado cuenta de cómo, cuando le preguntas a alguien cómo está, 99% de las veces responde algo como: «Bien, muy ocupado, pero bien»? «Ocupado» se ha convertido en el nuevo «bien, gracias». ¿Dónde está la diversión en eso? ¿Qué tipo de mensaje estamos enviando al mundo y a nosotros mismos? Con razón todos creemos estar viviendo bajo una losa gigante de cemento con una lista de tareas infinita. Así que, como seguramente ya lo adivinaste, la primera cosa que debes hacer es:

CUIDAR TUS PALABRAS

Deja de hablar sobre lo ocupado que estás. Enfócate en lo que disfrutas de lo que haces y lo que puedes hacer en tus descansos en lugar de dejar que te agobie todo. Decide que vives una vida maravillosa y relajada, llena de proyectos interesantes que amas hacer y comunícale eso al mundo y a ti mismo. Después sal y hazlo con felicidad.

CONSIGUE AYUDA

Si te sientes completamente confundido y desorganizado y no sabes por dónde empezar o qué hacer después, te ayudará la perspectiva de alguien más. Muchas veces estamos tan metidos en nuestras vidas que no podemos ver algo que es completamente obvio para los demás. ¿Alguna vez has pasado valiosas horas buscando tus lentes cuando están en tu cabeza? Es más o menos así. Podrías pasar horas, días o meses (o una eternidad) tratando de descubrir cómo rehacer tu página web, planeando un régimen de ejercicio o pensando en cómo organizar tu oficina; quizás alguien menos familiarizado con todas las piezas que tú tienes puede tener una respuesta inmediata. Asegúrate de que otros ojos vean la situación.

Por favor, consigue a alguien que sepa lo que esté haciendo. No le pidas consejos de dinero a alguien que sea tan pobre como tú. O una nueva mirada sobre un asunto amoroso a alguien que ha estado soltero toda su vida. Tampoco le pidas ayuda a alguien que de pronto apareció y te dijeron que lo haría gratis o a cambio de algo que no sea dinero; trabajar con un profesional te ahorrará tiempo y dinero a largo plazo porque no tendrás que deshacer o rehacer un primer esfuerzo patético.

Contrata a un entrenador enfocado en los negocios, pídele a un amigo que tenga todo bajo control que se siente contigo, busca a un organizador personal y, si nada de eso funciona en tu situación particular, sigue leyendo:

ENTRA A LA REALIDAD

A veces masticamos más de lo que podemos comer porque pensamos que tenemos que hacerlo todo, que el mundo se caerá si no lo hacemos todo o que somos malas personas incapaces de ser amados si no hacemos las ocho millones de cosas que estamos intentando hacer. Sé sincero contigo mismo, ¿por qué estás haciendo todas las cosas que haces? ¿Es absolutamente necesario que lo hagas todo? ¿Tienes que hacerlo al mismo tiempo? ¿Puedes postergar algo? ¿Puedes delegarlo? ¿Desecharlo? Y si tienes que hacerlo todo, ¿cómo podría ser más disfrutable?

Así como debes digerir tu tiempo, digerir tus tareas hace que dejes de volverte loco y que todo sea más manejable, que estén en pedazos digeribles. Aquí te digo cómo hacerlo:

Haz una lista de tareas y mírala:

- ✦ ¿Qué tienes que hacer ahora mismo?
- ✦ ¿Qué puede esperar?
- ✦ Pon ambas situaciones en listas diferentes. Esconde la lista de espera
- ✦ ¿Cuáles son las cosas más importantes de la lista de ahora?
- ✦ ¿Cuáles son más insignificantes?

- Delega las insignificantes o déjalas para después y pasa el día haciendo las más importantes. ¡Se trata de priorizar, amigos!
- Mientras más cortas sean las listas con las que trabajes, mejor te sentirás
- Y recuerda: *nunca vas a acabar todo*. Así que deja de estresarte

Haz lo que puedas hacer con alegría, en vez de hacerlo todo sintiéndote miserable.

DELEGA O MUERE

Una de las mejores maneras de aligerar tu carga es dejar de ser un obsesivo del control y/o codo; contrata alguien que pueda ayudarte o delega trabajo a alguien (ver más adelante).

Es absolutamente imposible hacer que un negocio crezca, conseguir un ascenso, ser un buen padre, y definitivamente, tendrás canas antes de envejecer si tratas de hacer todo tú solo.

Descubre qué tareas odias hacer, en cuáles eres bastante malo o, simplemente, para cuáles no tienes tiempo, y encuentra a alguien más que las haga. Sé muy bien que la razón por la que no has hecho esto es probablemente porque no te alcanza para contratar a alguien, porque crees que tú eres el mejor o porque eres obsesivo, pero, al igual que con todas las demás excusas, la respuesta está ahí, sólo no la estás viendo correctamente. Si no te quedara otra opción más que conseguir ayuda, si fuera una situación de vida o muerte, ¿qué harías? Podrías conseguir un pasante de una universidad local, pedirle ayuda a un amigo o familiar, contratar a alguien por media hora a la semana y después incrementar su carga; o bien, vender algo para conseguir el dinero que necesitas para contratar a alguien, pedir un préstamo u obligarte a hacerlo. Podrías entregarlo a recursos humanos y dejar que sea su problema. Podrías pedirle a tu esposo que lave los trastes y a tu hijo adolescente que limpie el garaje para que tú tengas más tiempo. La ayuda está a tu alrededor, a veces para recibirla sólo se necesita voltear a verla de manera diferente o no rendirte tan fácil.

Decidir que no puedes tener algo que necesitas o quieres de inmediato te aleja de la frecuencia que lo alcanzaría, y también te distancia de la parte de ti que solía iluminarse cada vez que pensaba en ello. Una vez que piensas «no puedo», el Universo dice: «Muy bien, no me necesitan aquí, nos vemos más tarde». Aun si no tienes ni idea de dónde llegará la ayuda, mantente abierto a la posibilidad de que llegará y te sorprenderá lo que puedes crear y cuánta ayuda puedes recibir. Decide que debes tenerlo, confía en que está disponible para ti, haz todo lo posible para que llegue a ti y confía en que el cómo será revelado más tarde.

RECUERDA QUE ERES EL #1

Pon tus prioridades primero, no cheques tus mensajes de voz, correo electrónico o Facebook hasta que hayas empezado el día y terminado algunas de las tareas que tienes que hacer. No contestes el teléfono o los mensajes de texto cuando estés ocupado. Las necesidades de las otras personas pueden quitarte una eternidad de tu atención y, si los dejas, seguramente lo harán.

3. ESTOY EXHAUSTO

La creencia de que tomar un descanso causará que toda tu vida se derrumbe no sólo es enfermiza, sino también arrogante (el mundo seguirá girando aunque dejes de trabajar, ya lo verás). Si no descansas, tu cuerpo eventualmente tendrá la última palabra y se enfermará. Los cuerpos lo hacen todo el tiempo. El estrés es la causa principal del cáncer, paros cardiacos, fallas en el hígado, accidentes tontos, enojos y a veces de la incapacidad de respirar.

Además de las enfermedades, tener tiempo para hacer las cosas que te inspiran debería ser una prioridad porque, mmm, ¿cuál es el punto de la vida sin eso? ¿Cuál es la diversión de despertar a los ochenta y cinco años y darte cuenta de que nunca «tuviste el tiempo» para disfrutar de la vida? No es un lujo reservado para las personas que tienen dinero, que son más inteligentes o menos atascadas que tú. Es un lujo reservado para la gente que se toma el tiempo para pensar en una manera de lograrlo y diseñan una vida enfocada en su felicidad.

Usa las herramientas de este capítulo para tener el tiempo que necesitas para descansar y tener la diversión que quieres para disfrutar de tu increíble vida mientras aún la tienes.

4. ÁMATE A TI MISMO

Porque lo estás haciendo de maravilla.

CAPÍTULO 20

❦

EL MIEDO ES PARA PERDEDORES

Andamos de puntitas por la vida tratando
de llegar seguros a la muerte.

ANÓNIMO

Cuando vivía en Nuevo México, una amiga me llevó a una cueva de la que le habían contado en las montañas Jémez. «Más bien es un hoyo en la tierra», dijo, «pero dicen que es genial». No me la vendió muy bien, sobre todo cuando dijo que tendríamos que arrastrarnos de rodillas todo el tiempo, pero la verdad es que ni le estaba poniendo atención. Las cuevas no me interesan, sin importar qué tan grandes sean, sólo fui por el viaje, la caminata entre las montañas y por un increíble lugar de hamburguesas que descubrí la última vez que estuve ahí. Para mí la cueva era como una parada para cargar gasolina: tediosa, pero necesaria.

Después de un magnífico viaje bajo el interminable cielo de Nuevo México y de una hermosa caminata por una vereda roja que atravesaba un bosque de piñones, llegamos a la entrada de la cueva. Era tal como lo había descrito: un pequeño hoyo por el que apenas podíamos entrar, en la base de una diminuta colina. Mi amiga me lanzó un par de rodilleras, una lámpara y nos adentramos. La seguí gateando, con la lámpara entre los dientes, y cuando habíamos avanzado más o menos diez minutos sentía que la entrada, así como cualquier oportunidad de comer una hamburguesa, había desaparecido. Si algo nos atacara desde el interior de la cueva, como un monstruo, o si hubiera una inundación, terremoto, víbora de cascabel o mosquito, no habría nada que pudiéramos hacer. El escarpado y blanco túnel que nos rodeaba se había cerrado tanto que, cuando mi amiga por fin dejó de arrastrarse y se recargó en la pared para sentarse, parecía estar a punto de morderse el cuello. ¿Qué demonios estaba haciendo yo ahí?

«Muy bien, ahora viene lo bueno. ¿Estás lista?», me preguntó. «Apaga la lámpara», ella apagó la suya y después hizo una seña para que yo hiciera lo mismo. En cuanto mi lámpara se apagó, me sumergí en la maldita oscuridad más oscura del mundo; no, del universo. Empecé a sentir cómo la histeria me cosquilleaba la parte de atrás del cuello y, por primera vez en mi vida, entendí el miedo.

El miedo era lo único que podía ver en ese agujero. Estaba ahí, omnipresente, enorme, incontenible y viéndome a la cara, preguntándome: «Entonces, ¿vas a dejar que te trague o qué?».

Noté que sin esfuerzo alguno podía convertirme en una mujer catastróficamente enloquecida, lanzando mordidas y gritando. Mi amiga y yo pasaríamos semanas viendo la pared y jugando con nuestros labios semanas después de que sacaran nuestros flácidos y sangrientos cuerpos de esa cueva.

O… no.

La elección era mía.

Temer o no temer, esa es la cuestión.

Con mucho gusto puedo decirles que decidí no caer en la locura y preferí gatear con calma hacia afuera de la cueva, hacia la tierra soleada, espacios abiertos y caminatas sobre dos piernas. Salí no sólo con una cantidad alarmante de arena en las orejas y un dolor en la mandíbula por morder la lámpara, sino con un nuevo entendimiento sobre la elección del miedo.

Es muy simple: el miedo siempre estará ahí, preparado para crear caos, pero nosotros podemos decidir si peleamos con él o prendemos las luces, lo matamos y gateamos alrededor de él. También noté que matarlo es bastante fácil, sólo nos han hecho creer lo contrario.

Hemos creado el hábito de tener miedo.

Cuando somos niños nos llenan el tanque del miedo como si fuera azúcar y, cuando crecemos, seguimos absorbiendo las malas noticias de la tele, el terror que narran los periódicos, la violencia en los libros, películas y videojuegos y toda esa basura nos llena hasta el borde de miedo hacia el mundo. Nos enseñan a mantenernos a salvo, a no tomar riesgos y a advertirle a todos sobre los peligros que nosotros conocemos. Se convierte en una parte tan aceptada de nuestra condición social que ni cuenta nos damos de que lo estamos haciendo.

Por ejemplo, ¿cuál sería tu respuesta si alguien que verdaderamente amas o te importa te dijera con gran emoción cualquiera de estas cosas?:

* Voy a pedir un préstamo enorme para empezar el negocio de mis sueños
* Voy a viajar por el mundo un año entero. Yo solo
* Voy a renunciar a mi trabajo estable para convertirme en actor

✤ Conocí a la persona más increíble del mundo la semana pasada y estoy enamorado. Nos vamos a casar

✤ Voy a saltar en paracaídas

Generalmente, cuando vemos a alguien lanzarse al vacío, nuestra primera reacción es gritar: «¡Con cuidado!». No sólo hemos creado el hábito de embarrar nuestros miedos y dudas en los demás, sino que nos felicitamos por ello, porque creemos que demuestra lo mucho que nos importan. En mi opinión, ESO es algo a lo que sí deberíamos tenerle miedo.

Hay algo llamado «efecto cangrejo». Si pones un montón de cangrejos en un tazón y si, mientras caminan uno sobre otro, uno trata de escapar, los demás lo jalarán hacia dentro, en lugar de empujarlo hacia fuera. Por algo son cangrejos.

Imagínate qué tan diferente sería nuestro mundo si *nosotros* fuéramos menos como los cangrejos, si *verdaderamente* nos enseñaran a *creer* en los milagros (sí, sé lo tonto que eso puede sonar), y si nos recompensaran y apoyaran en lugar de gritarnos y advertirnos cada vez que nos lanzamos al abismo. Hablamos mucho sobre la idea de que todo es posible, crecemos con pósteres de gatos y focas en nuestros cuartos que dicen «Sigue tus sueños», pero en realidad deberíamos *hacer* algo al respecto. El problema es que cuando lo hacemos, las alarmas se encienden. ¿Me entienden, verdad?

El miedo vive en el futuro. El sentimiento del miedo es real, pero el miedo en sí es una creación *porque es algo que ni siquiera ha sucedido todavía*: la muerte, la bancarrota, romperte una pierna, olvidar tus diálogos, que te griten por llegar tarde, no conseguir una cita, etcétera. La mayor parte del tiempo no tenemos garantía de que lo que tememos va a convertirse en una realidad o de que, si llega a pasar, ¡vaya a ser aterrador! Pensemos en la muerte, por ejemplo: todos sabemos que dejaremos nuestros cuerpos y entraremos en un estado de amor puro, luz, cosas brillantes, unicornios, conejos y felicidad eterna y orgásmica. Podemos estar tan seguros de eso como de cualquier otra cosa del futuro, entonces, ¿por qué tanto drama?

Lo único necesario para darle la vuelta al miedo es aprender a estar cómodos con él y no vivir aterrorizados ante lo desconocido. Esto se logra a través de la fe.

Básicamente todo depende de cómo elijas vivir tu vida:

¿Es tu miedo más grande que tu fe en lo desconocido (y en ti mismo)?

¿O es tu fe en lo desconocido (y en ti mismo) más grande que tu miedo?

Mientras tratas de tomar una decisión, aquí hay unas sabias palabras de la buena Helen Keller:

La vida es una valiente aventura o nada. Mantener la cara levantada y comportarnos como espíritus libres en la presencia del destino es una fortaleza inquebrantable.

Hay un momento increíble en el que decides: «Al diablo. Voy a conseguirlo» y, de pronto, la emoción sobrepasa el miedo. Después de eso estarás volando en una alfombra mágica, firmando el contrato para comprar una casa, confrontando a tu padre, poniendo el anillo en el dedo de quien amas, pisando el escenario frente a miles de personas. ¡A eso le llamo sentirse vivo!

Del otro lado del miedo está tu libertad.

Aquí hay algunos consejos para que puedas navegar a través de la jungla de miedo:

1. VE EL MIEDO DESDE EL ESPEJO RETROVISOR

Piensa en algo tan radical que hayas hecho en el pasado y que haya sido tan grande y aterrador que literalmente te pusiera a temblar. Ahora reflexiona acerca de ello, ¿qué tanto miedo te da ahora? ¿Puedes experimentar algún sentimiento aterrador? ¿Ni siquiera una pizca de miedo? Piensa en eso cada vez que te enfrentes a un nuevo desafío: no importa lo grande que parezca en ese momento tu próximo salto; cuando en el futuro voltees a verlo, te darás cuenta de que sólo era un paso. Entonces, ¿por qué esperar? ¿Por qué no verlo desde ahora como un solo paso? Visualiza tus futuros desafíos, analízalos desde un punto de vista victorioso y perderán el poder que tienen para paralizarte.

Siempre uso mi primer viaje a la India como ejemplo cuando estoy siendo una llorona sobre algo que debo hacer. Fue uno de mis primeros viajes internacionales sola y, aunque hasta ese momento lo único que conocía sobre la India eran un par de discos de Ravi Shankar y pollo tikka masala, pensé que sería un gran lugar para visitar. Quería ir a un lugar completamente nuevo y experimentar una realidad tan diferente a la mía como fuera posible. Pensé que ir a la India sería como ir a través del espejo.

Así que compré mi boleto y después me di cuenta de todo: ¿qué demonios estoy tratando de probar? ¿Por qué estoy haciendo esto? Nunca antes había viajado a un lugar tan lejano por mi cuenta, no conocía a nadie, no hablaba el idioma, no tenía ni idea de qué esperar y juro que lo proyecté como la cosa más aterradora que hubiera hecho en mi vida. Me imaginé como un punto diminuto, del otro lado del mundo, flotando en un espacio en el que era completamente anónima, un fantasma, una extraña, un lugar en el que podía desaparecer sin que mis seres queridos se enteraran. ¡Puf!

Me puse tan mal que busqué la manera de lastimarme, deseé que mi mejor amiga se muriera para no tener que ir (pero cancelar mi boleto nunca se me ocurrió). Afortunadamente, nadie se murió y me encontré dirigiéndome al aeropuerto como si me estuvieran llevando a un funeral. Sin embargo, en el momento en el que pisé la terminal internacional del aeropuerto y estuve rodeada en un mar de colores y gente de todo el mundo, corriendo de un lugar a otro, hablando diferentes idiomas, mi miedo se transformó inmediatamente en emoción. ¡Voy a ir a la India!

Cuando subí al avión me senté al lado de una hermosa mujer india que vestía un sari rosa y usaba unos aretes dorados. Ella volteó a verme, sonrió y me ofreció un M&M. En ese momento me pegó de nuevo: «No lo estás haciendo sola, tonta. Estás rodeada de personas, y una de las necesidades básicas del hombre es la conexión». Pasé dos meses viajando por un país que ahora es uno de mis lugares favoritos en el mundo, por mucho, y que encendió una llama por viajar que cambió mi vida por completo.

Este y otros ejemplos de mi vida me siguen demostrando una y otra vez que:

> **Nuestros grandes miedos son una gran pérdida**
> **de tiempo.**

Enfrenta tus miedos con la verdad: sólo están en tu mente y perderán todo su poder sobre ti.

2. VOLTEA TU MIEDO

Cuando sientas que el miedo te empuja, trata de verlo desde una perspectiva diferente. Empieza por separarlo, descubre qué es lo que te asusta y después dale la vuelta para que trabaje para ti, no contra ti. Muéstrale quién manda. Alimenta a tu miedo golpeándolo en la cara.

Por ejemplo:

«Quiero escribir un libro, pero no logro sentarme a escribirlo». ¿Por qué no? «Me da miedo que si lo hago salga horrible». ¿Qué pasa si es horrible? «Si es horrible me veré como un tonto. La gente se burlará de mí». ¿Y después? «Me sentiría avergonzado». Muy bien, entonces no escribes tu libro para evitar verte como un tonto y sentirte avergonzado.

Ahora dale la vuelta: ¿qué tan tonto y avergonzado te sentirás si no escribes tu libro? «Mucho. Sé que es una idea brillante y es un gran sueño que tengo». Entonces, ¿tu estrategia de no escribirlo para protegerte de sentirte tonto y avergonzado realmente te protege de sentirte así? «No». Y ya que vas a arriesgarte a sentirte tonto y avergonzado de todas maneras, ¿qué versión es peor? ¿Tratar de escribirlo y que resulte horrible o ni siquiera intentarlo y vivir una vida incompleta y llena de mediocridad, debilidad y vergüenza? «Vivir una vida incompleta y llena de mediocridad, debilidad y vergüenza».

Sepáralo para que verdaderamente puedas ver y desactivar lo que sea que te esté dando miedo. El miedo se trata de cómo decides ver las cosas, así que al cambiar la perspectiva puedes hacer que el miedo de NO hacer lo que te asuste impulse tu grandeza.

3. VIVE EN EL PRESENTE

¿Te está pasando algo aterrador en este momento? ¿En este preciso momento, dondequiera que estés sentado, te está pasando algo malo o sólo algo en tu cabeza te está volviendo loco? Gastas la cantidad de energía suficiente para patear traseros cada vez que te vuelves loco antes de que algo pase. Mejor quédate en el presente y conéctate con tu ser superior. Si estás a punto de entrar a la corte, brincar de un avión o pedir un aumento, quédate en el presente y conectado con la Fuente de Energía. Mantén tu frecuencia alta y tu creencia en los milagros, en lugar de caer preso del miedo que sólo existe en tu mente. Descubrirás que eres demasiado capaz de lidiar con la situación a la que estás por enfrentarte y que nueve de cada diez veces resulta ser más aterrador en tu cabeza que en la vida real.

Hundirte en el dolor y en el sufrimiento no va a ayudar a nadie, ni siquiera a ti; es como si teniendo hambre quisieras ayudar a los hambrientos. Si quieres ayudarte a ti y al mundo entero, mantén tu frecuencia alta y haz tu trabajo desde un lugar de poder y felicidad.

4. NO PIENSES EN NADA INQUIETANTE CUANDO ESTÉS A PUNTO DE DORMIR

Nuestras mentes se vuelven lupas que hacen que todos nuestros miedos se vuelvan cien por ciento más grandes cuando estamos a punto de dormir. Se convierten en un público atento, a las tres de la mañana, en la cama, cuando nada nos distrae. A menos que vayas a levantarte inmediatamente y a entrar en acción, no desperdicies tu precioso tiempo pensando en problemas. Cada vez que haces esto, la mañana siguiente es peor; lo sabes y aun así lo haces. Usa tus poderes de meditación para sacar los pensamientos problemáticos de tu mente, y enfócate en relajar cada músculo de tu cuerpo, uno por uno, lenta e intencionalmente para que cada rincón de tu cerebro esté enfocado en ello y no te quede espacio para volverte loco. Respira profundo y piensa en todo lo increíble que hay en tu vida, escucha una meditación guiada, haz lo que sea necesario para tener una buena noche de sueño y lidia con lo que tengas que lidiar en la mañana. Porque lo único peor que quedarte despierto toda la noche volviéndote loco por algo es estar demasiado cansado al día siguiente y tampoco poder resolverlo.

5. ÁMATE A TI MISMO

Y serás invencible.

CAPÍTULO 21

MILLONES DE ESPEJOS

*Nadie puede hacer que te sientas menos
sin tu consentimiento.*

ELEANOR ROOSEVELT, activista, feminista,
superheroína, primera dama más longeva
de Estados Unidos

Una de las cosas más sorprendentes de las otras personas es que nos proveen con información valiosa, y a veces alarmantemente íntima, acerca de quiénes son en cuanto los conocemos. Si ponemos atención, podemos ver las pistas que mandan a través de su lenguaje corporal, apariencia, estilo de vida, acciones, intereses, palabras, la manera en la que tratan a su perro, a la mesera, a sí mismos, etcétera. Algunas personas lo muestran de inmediato para que todo el mundo pueda verlo; otras lo dejan salir poco a poco: «Me encanta hacer esquí acuático», «Admiro tu seguridad ante tu problema de sobrepeso», «Recién salí de la cárcel», etcétera. Con la excepción de los sociópatas o de los hábiles mitómanos, la mayoría de los seres humanos nos dan mucho para digerir desde el momento en que los conocemos.

Toda esta información pasa después por un filtro de quiénes somos *nosotros* y, dependiendo de nuestras percepciones, juicios, limitantes y años de terapia, decidimos si queremos seguir conociendo a esa persona o no.

Todos estamos atraídos y asqueados por varias cosas de las demás personas, y las cosas que más notamos son aquellas que nos recuerdan a nosotros mismos. Esto es porque las demás personas funcionan como espejos para nosotros: si alguien te molesta es porque estás proyectando algo de ti que no te gusta, pero si crees que son maravillosos es porque ves algo en ellos que te gusta de ti (aun si no lo has desarrollado). Sé que esto suena como si estuviera haciendo una generalización masiva, pero síganme la corriente.

Tu realidad está creada con base en aquello en lo que te enfoques y cómo decidas interpretarlo. Esto es válido para todo, incluyendo las cosas en las que te enfoques sobre las personas que están en tu vida. Por ejemplo, dependiendo de cómo seas podrías responder de miles maneras cuando tu nuevo novio te llame «gran tonta». Podrías A) verlo como una señal de alerta y de que es un abusivo; B) verlo como una señal de alerta de que esa persona está nerviosa o insegura y que además tiene terribles modales; C) verlo con tranquilidad, pues quiere decir que tiene tanto dolor que necesita abusar de las demás personas y de alguien tan comprensiva como tú; D) verlo con tranquilidad pues crees que sí, de hecho, eres una enorme tonta, o E) reírte porque sabes que no eres así.

La gente que te rodea es un excelente espejo de quién eres y qué tanto o qué tan poco te amas.

Atraemos gente a nuestras vidas por una razón, al igual que ellos nos atraen a los suyas. Todos nos ayudamos a crecer y a conocer nuestros problemas, si es que aprovechamos la oportunidad para aprender, en vez de reaccionar ante las cosas molestas que hacen los demás, como ponernos a la defensiva, justificar nuestras acciones o quejarnos. Son nuestros amigos incómodos, la familia, los clientes, los vecinos o la señora del metro que grita como un altavoz, quienes nos ayudan a crecer y a ver quiénes somos en realidad, más que nuestros amorosos mejores amigos, a menos que ellos también estén siendo molestos, entonces también podemos agradecerles. No pierdas la increíble oportunidad de aprender lo que la persona a la que quisieras golpear te está ofreciendo.

Las cosas que nos molestan de otras personas nos enojan porque nos recuerdan algo que no nos gusta de nosotros mismos; o bien, su comportamiento desencadena un miedo o inseguridad que tenemos, pero que no sabemos que está ahí. Por mucho tiempo, una de mis historias era que ser femenina significaba ser débil y molesta. En algún momento decidí que no estaba bien ni era poderoso actuar o ser como una niña, así que mi feminidad fue algo de lo que me avergoncé. Por ende, me molestaban menos las mujeres que me atacaban con un taladro, que las que me atacaban con un delineador, por lo que me resulta graciosísimo que una de mis mejores amigas sea la mujer más femenina que existe. La conocí cuando estaba trabajando en Nueva York, y de inmediato me cayó bien porque es chistosísima, brillante e imitaba perfectamente a una de nuestras compañeras de trabajo que caminaba con el trasero salido; me daba tanta risa que tenía que agarrarme de los muebles para no caerme. A diferencia de mí, a ella le gustaba mucho salir con sus amigas e ir a hacerse *pedicure,* se emocionaba con los anillos de compromiso cuando una futura esposa enseñaba el suyo y saludaba cien por ciento como una chica: brazos levantados, cabeza ligeramente inclinada hacia atrás, ojos cerrados y gritos tan agudos que sólo los perros la podían escuchar. Por todo eso, la llamamos Pink.

Diez años después, yo me encuentro en Los Ángeles y Pink vive en las afueras de Nueva York, casada y con un montón de hijos, obviamente. Cuando decidió tomar sus primeras vacaciones sola, después de que se volvió mamá, y viajó a San Diego para ver a su mejor amiga de la universidad, me llamó para suplicarme que manejara al sur para verla; acepté, aunque de mala gana. No eran las dos horas en el coche lo que me molestaba, era que seguramente su mejor amiga de la universidad, a la que nunca había conocido, era más rosa que Pink. Me imaginé la escena de una fraternidad en la que nos pintaríamos las uñas, al mismo tiempo que veíamos un maratón de películas de Meg Ryan y hablábamos de lo mucho que habíamos engordado. Pero amo a Pink, así que obviamente fui.

Al mismo tiempo, en San Diego, la mejor amiga de Pink tampoco se emocionó demasiado al enterarse de que la mejor amiga de sus días en Nueva York llegaría desde Los Ángeles. También ella volteaba la mirada al pensar en la bomba de estrógeno que estaba por explotar, así que imaginen nuestra emoción al darnos cuenta de que ambas éramos igual de masculinas. Al notar que no estaríamos en un espacio tan rosa como esperábamos, llegó la mayor sorpresa de todas: nuestras niñas abandonadas en nuestro interior se sintieron seguras de poder salir de su escondite. Las tres perdimos la voz ese fin de semana, carcajeándonos y gritando: «¡Oh, por Dios!» tan fuerte para que todos nos pudieran escuchar. No me sorprendería si una o dos uñas se hubieran pintado, no lo recuerdo, estaba demasiado borracha.

Sigo sin emocionarme tanto cuando me invitan a una despedida de soltera y no estoy diciendo que tengas que aprender a amar todo lo que ahora te molesta, pero sí estoy diciendo que si algo te molesta es porque te recuerda algo o tiene un mayor significado para ti.

Cuando tengas que tratar con alguien que te moleste y te des cuenta de que estás chismeando, culpando, juzgando o quejándote de esa persona, enfrentar la situación puede lograr mucho a largo plazo; más allá de hacer tu vida más fácil en el momento, puede ayudarte a crecer, a sanar y a dejar de ser una víctima, ya que te obliga a enfrentarte a aspectos de ti que no te gusten, a las partes que no te enorgullecen. A nadie le gusta admitir ser deshonesto, engreído, inseguro, inmoral, grosero, mandón, tonto, flojo, etcétera, pero eso es lo que te atrajo a las personas en quien sí lo notaste, y lo mismo sucede al revés. Admitirlo es el primer paso para dejarlo ir, ¡wiiiiiii!

Si la gente es molesta de una manera que no tiene nada que ver con nosotros, no lo notamos o no nos quedamos pensando en ello. Por ejemplo, digamos que hay alguien en tu vida a quien no soportas por ser un sabelotodo. Cada vez que abres la boca para hablar de algo que has hecho, resulta que ella también ya lo hizo. Cualquier cosa que sepas, ella ya lo sabe y sabe mucho más que eso. No sólo eso, tiene que asegurarse de que tú y todos a la redonda sepan que ella sabe más que todos. Mientras tú fantaseas con romper la pared usando su cabeza como martillo cada vez que está cerca, alguien más puede adorar ser parte de su fascinante y brillante conversación.

La razón por la que te vuelve loco es porque seguramente tú también eres un sabelotodo o te preocupa que piensen eso de ti o crees no saber nada.

Nuestra realidad es un espejo de nuestros pensamientos, incluyendo a la gente.

Lo mismo pasa con lo que la gente nos dice. ¿Te molestaría que alguien se burlara de ti por lo chaparro que eres si mides más de 1.80? Seguramente ni le harías caso, o si sí, sólo pensarías que son muy raros. Pero si alguien te molestara diciendo que eres un mandón y en el interior tuvieras miedo de ser así, seguramente tendrían tu atención (también significa que ellos tienen el mismo problema si lo están reconociendo en ti, pero ese no es tu problema).

En tu vida siempre creas más de aquello en lo que decidas enfocarte. Si estás consciente o inconscientemente enfocado en ciertas creencias sobre quién eres o quién quieres ser o quién no quieres ser, atraerás gente que refleje esas mismas características.

Por eso, cuando estés tratando con un «amigo» traidor o con una persona tóxica a la que necesitas enfrentarte o alejar de tu vida, entras en una trampa autoinfligida de no querer lastimarlos, por lo que te enfocas en sus mejores cualidades o en intentar tolerar sus tonterías. No me importa cuánto tiempo tengas de amistad con una persona, cuánta lástima les tengas, cómo te hayan ayudado ocho millones de veces en el pasado o qué tan chistosos, exitosos, guapos, inspiradores, desesperados, escalofriantes, conectados, brillantes o indefensos sean, porque la razón por la que no puedes enfrentarlos no es eso.

Lo que realmente está pasando es que te estás enfrentando a reconectar tus creencias limitantes acerca de *ti mismo*. Estás usando esas excusas en esas personas para evitar un enfrentamiento con tus propios problemas, tu problema para enfrentarte a ti mismo.

Al final no se trata de ellos, se trata de creer que eres capaz de ser amado y visto por como realmente eres.

Cuando aceptamos no ser nosotros mismos para apoyar la mala conducta de alguien más, suele salir del mismo impulso: *no estamos dispuestos a incomodar a alguien tanto como ellos nos acaban de incomodar*. No suena demasiado coherente de nuestra parte, ¿verdad? Al decir «incomodar» me refiero a *no ser parte de su drama*, no a ser tan abusivos como ellos. No se trata de cobrar ojo por ojo y rebajarnos a su nivel, se trata de defender tu ser superior sin importar que la persona a la que te enfrentes decida sentirse:

* Decepcionada
* Dolida
* Incómoda
* O crea que estás loco

Se trata de respetarte y no caer en la insegura necesidad de caerle bien a las personas.

Esto es increíblemente poderoso porque *cuando te amas lo suficiente y te aferras a tu verdad, sin importar lo que cueste, todos se ven beneficiados*. Empiezas a atraer el tipo de gente, cosas y oportunidades que estén alineadas con quien verdaderamente eres, lo que resulta mucho más divertido que juntarte con un montón de molestos chupaenergías. Y al negarte a ser parte del drama de alguien más (rehusarte a golpear a alguien o quejarte de lo injusto que es el mundo, por ejemplo), no sólo elevas tu frecuencia, sino que le das una oportunidad a los demás de elevarse también, en lugar de dejar que todos sigan jugando con la misma baja frecuencia.

Nunca pidas perdón por ser quien eres. Decepciona a todo el mundo.

Todos conocemos a alguien que no está dispuesto a recibir basura de nadie más. Nunca. Vemos a esas personas con absoluta reverencia y nunca nos atreveríamos a ser tan tontos como para presentarles nuestro Gran Bodrio o para tratar de decirles que están equivocados. ¿Por qué? Porque los respetamos y, mmm, casi siempre les tenemos muchísimo miedo (de una manera saludable). ¿Por qué los respetamos? *Porque se respetan a sí mismos.*

¿Cómo podemos deshacernos de nuestras proyecciones y repugnantes juicios, y empezar a bendecir al mundo con nuestro ser más intrépido?

1. ACEPTA TU FEALDAD

Empieza a darte cuenta de las cosas de las demás personas que te vuelven loco y, en lugar de quejarte, juzgarlos o ponerte a la defensiva, úsalos como un espejo. *Especialmente si es algo que hace que te hierva la sangre.* Sé honesto contigo, ¿eso que te molesta es algo que tú también posees? ¿O es que odias admitir que es igual a algo que tú haces? ¿O te recuerda a algo que normalmente tratas de suprimir? ¿O evitar? ¿O algo de lo que siempre tratas de hacer lo opuesto? ¿O algo por lo que te sientes amenazado? Fascínate por ello en vez de enfurecerte por lo irritante que puede ser y decide aprender.

2. CUESTIONA TU FEALDAD

Una vez que descubras qué parte de ti estás proyectando en la otra persona que te molesta hasta el cansancio, puedes empezar a dejarlo ir. Empieza por hacerte preguntas simples y desactiva las historias limitantes y falsas que has arrastrado durante años.

Por ejemplo, si te molesta que tu amigo que siempre llega tarde esté llegando tarde otra vez, es porque estás tratando de aferrarte a una «verdad» sobre la forma en la que las personas deberían comportarse. Dale la vuelta y hazte preguntas como: «¿De qué manera llego yo tarde o cómo soy desconsiderado o desconfiado?». O tal vez: «¿De qué manera soy yo tan controlador o rígido?».

Cuando tengas una respuesta, pregúntate:

¿QUIÉN TENGO QUE SER PARA QUE ESTA SITUACIÓN NO ME MOLESTE?

Usando esta pregunta, digamos que eres más rígido de lo que te gustaría admitir. Esta información es muy valiosa ya que ahora sabes que para ser feliz tienes que soltarte el hueso, Vilma. Deja de exigir que las personas hagan las cosas a tu manera (sobre todo con las personas en tu vida que han demostrado no hacerte caso), piensa de qué manera estás siendo absurdamente exigente sólo porque se ha convertido en un hábito y no porque es necesario; pregúntate continuamente: «¿Puedo olvidarlo esta vez?». Al darnos cuenta de lo que hacemos, podemos investigar el porqué y después decidir si nos lo quedamos o lo dejamos ir, en lugar de reaccionar a ciegas.

¿QUÉ CONSIGO AL SER ASÍ?

Cómo lo discutimos en el «capítulo 17: «Es muy fácil una vez que te das cuenta de que no es difícil», no hacemos nada a menos de que obtengamos algo a cambio, aun si lo que tenemos son falsas ventajas. Usando el mismo ejemplo, algunas de las ventajas de ser tan rígido son que siempre llegas a tiempo, logras que las cosas se hagan, etcétera. Pero también hay algunas desventajas de ser tan controlador: intimidas a la gente para lograr que hagan lo que quieras, te dan la razón cada vez que alguien se equivoca (que pasará muy seguido si realmente has perfeccionado el ser tan rígido), puedes tener el control, etcétera. Cuando rompas las falsas ventajas que te aferran a ese comportamiento, puedes verlo por lo que realmente es: algo que no está alineado con quien realmente eres y con quien aspiras ser. Puedes dejarlo ir cuando no esté funcionando.

¿CÓMO SERÍAS SI NO FUERAS DE ESA MANERA?

Una de las mejores maneras de dejar ir el ya mencionado mal comportamiento es preguntándote cómo serías si eso ya no fuera cierto para ti. «¿Cómo sería si de repente dejara de ser tan quisquilloso y de obligar a todos a que hicieran las cosas exactamente como yo digo, todo el tiempo, bajo cualquier circunstancia?». Hazte la pregunta y después imagínate como si fueras esa persona que ha dejado ir todo. ¿Cómo se siente tu cuerpo? ¿En qué usas esa parte del cerebro que antes dedicabas venenosamente a los inútiles que te rodean y que nunca seguían tus instrucciones? Siente la realidad de cómo sería si dejaras ir todo eso; respíralo, visualízalo, enamórate de ello y después olvídalo.

3. NO LO INCENTIVES

En los casos más nublados tal vez no sepas qué hacer, pero cuando sí estés seguro de querer ayudar a alguien, reconoce la diferencia entre ayudar e incentivar. Cuando estiras la mano para ayudar a alguien, ¿sientes que te están jalando hacia abajo o que los estás jalando hacia arriba para que alcancen su potencial? ¿Se sienten agradecidos o creen que es tu obligación ayudarlos? ¿Usan tu ayuda para moverse hacia una dirección positiva o cada vez necesitan más y más y más ayuda? Sólo una vez más. Por la quincuagésima vez.

Pon atención y confía en cómo te sientes. Si en verdad los estás ayudando y ellos aprovechan la oportunidad, entonces las frecuencias de todos se elevan. Si los estás incentivando a que sigan con la misma actitud entonces te sentirás pesado, deprimido y, eventualmente, resentido. Si bien no es nada divertido patear a alguien cuando está en su punto más bajo, si lo sigues rescatando nunca despertará y se salvará a él mismo. ¿Por qué debería hacerlo? Te tiene a ti para eso. El amor violento sigue siendo amor.

4. DESHAZTE DE LAS PERSONAS DOLOROSAS

A veces no importa cuánto tiempo trabajes en ti mismo, qué tan piadoso seas o qué tan habilidoso seas para dejar ir las cosas, a veces no hay manera: hay personas muy comprometidas con sus propias deficiencias. Es doloroso estar a su alrededor. Preferirías cubrirte con mil garrapatas de camello antes que tomar un café con ellas.

Esto se trata de aprender, amar y crecer hasta encontrar tu mejor versión, no sólo de cuánta tortura puedes aguantar. Así que, al mismo tiempo que aprendes a crecer basándote en el comportamiento más fastidioso de quienes te rodean, también es importante que sepas cuándo alejarte de ellos si están crónicamente autoobsesionados; si son violentos, negativos, celosos, controladores, culposos, dramáticos, manipulativos; si se hacen las víctimas; si se quejan de todo; si son pesimistas o groseros con los animales. Aquí te digo cómo:

PRIMERO, ALIMENTA TU MENTE

Como ya lo dijimos, a veces las personas a las que tenemos que apartar son seres queridos o alguien que nos cae bien por sus cualidades. Por eso a veces nos podemos sentir culpables al tratar de hacer lo correcto. Así que mantente fuerte, piensa que estás siendo amable contigo en lugar de ser grosero con alguien más.

Recuerda que estás elevándote para ser una mejor versión de ti mismo, no debes rebajarte a su nivel. Si piensas de esa manera, tendrás la fuerza para sacudírtelos de encima.

AHORA, PRESIONA EXPULSAR

Otra cosa importante que debes recordar cuando estés deshierbando tu jardín es no caer en el drama de los otros. Corta el cordón tan pronto como puedas y sin discutirlo. Si tus sentimientos les importan tan poco que tienes que alejarlos de tu vida, es muy probable que ni se imaginen que está por pasar, así que si tomas la decisión de discutirlo, podrías pasar toda tu vida haciéndolo. De pronto encuentra en qué ocuparte, desaparécelos poco a poco, destétalos sin darles una explicación.

Si no puedes evitar tener una conversación, recuerda: ya decidiste que quieres alejarte, así que no dejes que te hagan dudar de tu decisión o de sus problemas. Simplemente diles que esa relación no está funcionando para ti y no te gusta cómo te hace sentir, que tienes que terminarla y no lo discutirás. Haz que se trate de ti, no les des nada de lo que se puedan agarrar o que puedan usar en tu contra.

5. ÁMATE A TI MISMO

Con ferocidad, lealtad y sin remordimientos.

CAPÍTULO 22

LA DULCE VIDA

Es maravilloso estar aquí.
Es maravilloso estar donde sea.

KEITH RICHARDS, dios del rock,
conocedor de la buena vida

Tengo un gato de veintidós años.

También tengo un padre de ochenta y siete años.

El gato y mi padre comparten el mismo superpoder: ambos tienen la habilidad de hacer que les preste más atención que a nadie más en el mundo y que sea más linda con ellos que con nadie más, que cualquier otra persona que esté viendo su mortalidad frente a frente.

Me di cuenta de que mi gato era viejo y de que podía morir en cualquier momento más o menos hace un año: de la noche a la mañana su gordura cayó hacia su panza, lo que lo obligó a columpiarla de lado a lado como si fueran ubres y, obviamente, hizo que su espina dorsal le doliera, sobresalía y se encorvaba como si estuviera preguntándose a dónde se había ido el resto del gato. En ese momento empezaron las despedidas llenas de lágrimas cada vez que me iba de la casa y la comida elegante empezó a aparecer en su plato.

En el caso de mi papá las llamadas y los viajes a la Costa Este han incrementado de manera dramática, y ahora me rio locamente de todos sus chistes, lo que hace que él se preocupe más por mi salud que yo por la suya.

Me da gusto poder decirles que, aunque el calendario dice que ambos son muy viejos, ambos siguen pateando traseros. Mi padre juega tenis una vez a la semana y sigue sabiendo quién soy, y mi gato sigue corriendo cada vez que escucha que abro una lata de comida.

Ambos también son un gran recordatorio: cuando se trata de criaturas, cosas e incluso la vida que amas, ¿qué podría ser más importante que intentar absorberlas tanto como te sea posible mientras tengas la oportunidad?

Si hay algo que quieras hacer, no esperes a tener tiempo, dinero, a estar «listo» o a perder diez kilos. Empieza en este momento. Nunca serás tan joven como en este momento.

Si amas a alguien, visítalo tanto como te sea posible, actúa como si cada vez que los vieras fuera la última; si a veces te hacen enojar, ámalos de todas maneras; si tienen problemas, supéralos. No te quedes atado a las cosas pequeñas y tontas que te hagan perder la felicidad de estar cerca de aquellos que tengan una parte de tu corazón.

Si en la vida no estás aún en donde quieres estar, sigue adelante. Trátate como si fueras tu propio mejor amigo. Celebra a la magnífica criatura que eres, no dejes que nadie se meta contigo o con tus sueños.

Tu vida está sucediendo en este momento, no te quedes dormido porque pierdes.

ÁMATE A TI MISMO

Mientras aún puedas.

PARTE 5

CÓMO PATEAR TRASEROS

CAPÍTULO 23

LA DECISIÓN TODOPODEROSA

Hasta que uno se compromete existe la indecisión,
la oportunidad de echarse atrás, siempre ineficiente.
En el momento en el que uno se compromete definitivamente,
entonces la providencia también lo hace.

W.H. MURRAY, explorador, montañista, comprometido

Cuenta la historia que cuando Henry Ford tuvo la idea de crear un motor V-8, quería que los ocho cilindros estuvieran fundidos en un mismo bloque. No tengo ni idea de lo que eso quiera decir, pero aparentemente era algo muy complicado, porque su equipo de ingenieros le dijo: «¡Amigo, estás loco!». Él les dijo que lo hicieran de todas maneras y ellos se fueron a hacerlo a regañadientes, pero regresaron y le dijeron que era imposible.

Al escuchar esas noticias, Ford les pidió que lo siguieran intentando, sin importar cuánto se tardaran. Él les dijo: «No quiero volver a verlos hasta que me traigan lo que les pido», y ellos le respondieron: «Acabamos de probar que no se puede hacer», y él les contestó: «Se puede hacer y se hará»; pero ellos insistieron: «No se puede», y luego él dijo: «Sí se puede», y ellos dijeron: «No», y él, terco, dijo que «Sí». Así que los ingenieros se fueron, esta vez por un año completo y cuando regresaron... nada.

Luego regresaron con Ford entre lágrimas, jalones de cabello y culpándose el uno al otro, pero Ford los mandó de regreso de nuevo y les dijo que sí podía hacerse. Entonces, en el laboratorio, entre hacer cisnes de origami con sus notas y gruñir cada vez que alguien mencionaba el nombre de Ford, los ingenieros hicieron lo imposible. Descubrieron cómo hacer su motor de ocho cilindros. Eso es lo que *verdaderamente* significa tomar una decisión.

Cuando tomas una decisión sin titubear, te apuntas y sigues moviéndote camino a tu meta, sin importar lo que te avienten en el camino. Y seguramente te aventarán algo, por lo que tomar la decisión es muy importante, no es algo para cobardes. En el momento en el que se vuelva difícil, caro o te ponga en riesgo de verte como un imbécil, si no has tomado una decisión verdadera, seguramente renunciarás. Si no fuera incómodo, todos estarían enamorados de sus maravillosas vidas.

Muy seguido fingimos haber tomado una decisión, cuando lo único que hemos hecho es apuntarnos para intentarlo hasta que se vuelva demasiado incómodo.

Henry Ford ni siquiera se graduó de la primaria y ahí estaba, dándole órdenes a los ingenieros más inteligentes del mundo, alistándose para verse como un completo idiota al invertir tanto dinero y horas en lo que le habían probado imposible.

Ford estaba determinado y confiaba más en su instinto y visión que en la diminuta mente de los demás. Había tomado la decisión de que tendría su motor tal como lo quería, y nada se interpondría en su camino. Por eso la decisión es tan importante. Si tienes una idea y tuvieras que defenderla ante un cuarto lleno de personas que «saben más» que tú y les pidieras que hicieran las cosas a tu manera, ¿podrías aferrarte a tu decisión? ¿O si necesitaras miles de dólares para iniciar tu propio negocio, pero la única persona a la que podrías pedírselos fuera a tu tío rico que nunca se acuerda de quién eres aunque se vean cada Navidad, lo harías? ¿O si estuvieras harta de sentirte gorda y fea, y la única hora a la que pudieras llegar al gimnasio fuera a las cinco de la mañana en el frío invierno, te levantarías de tu cama calientita? Si tomaras la *decisión* de alcanzar tus metas, harías lo que fuera para lograrlo. Si es algo que quieres, pero no has tomado la decisión, te darías la vuelta y empezarías a pensar que tu vida está bien tal como es.

Aquí es cuando estar conectado con tu deseo y con la Fuente de Energía, así como tener una fe inquebrantable en lo aún no visto, es tan importante. Hay muchos momentos en los que tenemos una idea brillante y de repente falla o nos lleva a un territorio desconocido. Si no tenemos una conexión fuerte con la verdad (vivimos en un Universo abundante, somos maravillosos, gloriosos y amados hasta las lágrimas, etcétera), un ardiente deseo y una creencia inquebrantable en nuestra visión antes de que se manifieste, caeremos en nuestros propios miedos y en los de las otras personas de que no es posible y nos rendiremos, cuando deberíamos corregir, empujarnos y traerla a la vida. Como explicó tan bien Winston Churchill alguna vez, «el éxito consiste en ir de fracaso en fracaso sin perder el entusiasmo».

Nadie llega a la cima de la montaña sin caerse de boca una y otra vez.

Por cierto, cuando Henry Ford les insistió a los molestos ingenieros que su motor V-8 podía ser construido justo como se lo imaginaba, ya había estado en bancarrota después de haber intentado por primera vez construir una empresa automotriz. Así que en ese momento ya tenía la prueba de poder fallar a gran escala, pero su fe en sí mismo y en su visión era tan fuerte que se aferró a ella a pesar de toda la evidencia que lo ponía como un «gran perdedor», y se convirtió en uno de los empresarios más exitosos de la historia.

Fallar de manera temporal está de moda. Todos los chicos populares lo han hecho:

- A Michael Jordan lo corrieron del equipo de basquetbol de su preparatoria por falta de habilidad
- Steven Spielberg dejó la preparatoria y lo rechazaron tres veces de una escuela para cineastas
- Thomas Alva Edison, a quien un maestro le dijo que era «demasiado tonto para poder aprender algo», probó con nueve mil experimentos antes de crear el foco
- Soichiro Honda, creador de Honda Motor Company, fue rechazado de Toyota cuando intentó entrar como ingeniero, así que inició su propia compañía
- El maestro de música de Beethoven le dijo que no tenía ningún talento y, peor aún, que nunca lograría componer nada. Beethoven prefirió no escucharlo. (Ya sé, mal chiste. Lo siento.)
- Fred Smith escribió un ensayo en Yale sobre su idea para un servicio de entregas de una noche. Le dieron un ocho, pero de todas maneras fundó FedEx

El único fracaso está en rendirte; todo lo demás sólo es recolección de información.

No hay un gran misterio en todo esto: si verdaderamente quieres algo y decides que lo conseguirás, así será. Ya lo has hecho antes: perdiste peso, conseguiste un trabajo, compraste una casa, dejaste un hábito asqueroso, fuiste al gimnasio, conseguiste una cita, gastaste en boletos de primera fila, te dejaste crecer el cabello; ahora sólo te falta creer que puedes hacerlo con cualquier cosa de tu vida, *hasta con las cosas que hoy crees que están fuera de tu alcance.*

Hay muchas personas en el mundo viviendo el tipo de vida que tú apenas sueñas con vivir, muchas de las cuales son menos talentosas y fabulosas que tú. La clave de su éxito es que decidieron lograrlo, dejaron de escuchar sus viejas excusas, cambiaron de hábitos y se pusieron a hacerlo.

Aquí está la manera como tú también puedes lograrlo:

1. DESÉALO CON TODAS TUS FUERZAS

Debes tener un gorila de diez toneladas apoyando tu decisión o terminarás por rendirte cuando las cosas se pongan difíciles. Es como la gente que va a hipnotizarse para dejar de fumar, cuando realmente no quiere dejar el cigarro, o cuando trata de perder peso, pero le emociona más una rebanada de pizza que poder verse los pies. Nunca funciona. Hace unos cuantos meses arrastré mi trasero hacia una semana completa de clases de yoga, aunque en realidad no quería hacerlo. Pagué las clases, me senté en mi tapete y de pronto me sorprendí hasta a mí misma cuando levanté la mano ante la pregunta de la instructora sobre si alguien tenía lesiones. Entonces me escuché decir cómo apenas unos cuantos días atrás me habían quitado un yeso del codo y debía tomar las clases con calma. Soy una adulta. Estoy muy ocupada. Gasté dinero en esa clase y después mentí para no tener que participar. (Sí tuve un yeso, pero me lo habían quitado ocho meses antes.) Pasé la mayor parte de esa semana tomando siestas en mi tapete y practicando mi mejor cara de dolor en caso de que voltearan a verme mientras hacía a medias el perro bocabajo. Fue ridículo.

Si vas a sobreponerte a grandes obstáculos para alcanzar tu meta, no basta con quererlo, tienes que estar absolutamente emocionado por lo que estás persiguiendo y después aferrarte a ello como un pitbull. Para poder lograrlo debes tener la osadía de ser honesto contigo mismo sobre lo que quieres hacer y no lo que *deberías* hacer. Cree que está disponible para ti, aunque la evidencia parezca probar lo contrario, y atrévete a ir por ello.

2. VUÉLVETE BUENO EN ESO

Decidir viene del latín *decidere*, que significa «amputar», ¡Con razón tanta gente le tiene miedo! El miedo a tomar una mala decisión puede ser tan agobiante para algunas personas que desarrollan el hábito de A) dar vueltas de lado a lado, paralizados por las dudas y el miedo, hasta tomar una «decisión» que cambiarán una y otra vez; B) toma decisiones apresuradamente, sin pensarlas o sentirlas con el único objetivo de hacerlo de una vez por todas para terminar con la incomodidad, o C) tienen tanto miedo de elegir una cosa y perderse otra, que no hacen nada o tratan de hacer todo, las cuales son excelentes maneras de perderse todo. En pocas palabras, deciden nunca decidir por miedo a tomar una decisión incorrecta. ¡Qué bien!

La decisión es libertad. La indecisión es tortura.

La indecisión es uno de los trucos más populares para quedarse dentro de los límites de lo que es seguro y conocido, por lo que una característica de la gente exitosa es tomar una decisión rápidamente e ir cambiándola lentamente. Con «rápidamente» no quiero decir que tengas que saber qué hacer en el momento en que una decisión se presenta (aunque hay gente que sí lo sabe), sino que enfrentes la situación cuanto antes y empieces a trabajar con tu proceso de decisión, sin importar cómo sea eso: pensarlo durante la noche, hacer una lista de pros y contras, sentirlo, etcétera.

Si eres de los que dan vueltas o prefieren evitar el proceso por completo, es una buena idea practicar con cosas pequeñas para que tu músculo comience a fortalecerse. Cuando comas en un restaurante, oblígate a elegir algo en menos de treinta segundos. Una vez que elijas no tienes permitido cambiar de parecer o de orden. Date veinte minutos para encontrar la mejor prensa de ajos en línea y después cómprala. Escoge cosas en el supermercado en menos de diez segundos. Haz a un lado el hábito de verte como un venado asustadizo y oblígate a elegir algo.

Si eres del tipo de personas que necesita descansar para poder tomar una decisión, ponte una fecha límite. No lo dejes abierto hasta que tomes una decisión, no te arriesgues a despertar cuatro años después por fin con una idea de qué hacer, pero ya sin ninguna oportunidad. Pon atención a cuánto tiempo tienes para tomar una decisión (un día, una semana, un mes) y oblígate a tenerla en ese momento.

Si estás conectado y listo para tomar decisiones instantáneas, practica alinearte con tu intuición y confiar completamente en lo que te dice (sin importar lo que tu cerebro te grite). Entra en silencio, escucha y siente la respuesta; practica actuar con tu primer impulso.

Sin importar quién seas, por favor deja de decir que eres malísimo tomando decisiones. Borra de tu mente la frase «No sé» y reemplázala con «Pronto sabré qué hacer». Decide convertirte en el tipo de persona que toma decisiones rápidas e inteligentes y en eso te convertirás.

3. ELIMINA EL PROCESO DE NEGOCIACIÓN

Cuando decidí dejar de fumar, si tenía el más ligero pensamiento de «¿Qué tanto daño puede hacerme una ligera calada?», estaba frita. Nuestras decisiones deben ser a prueba de agua, porque las excusas buscan meterse en cualquier grieta de nuestra determinación y, antes de que nos demos cuenta, nos estarán pateando el trasero.

Las decisiones no son negociables.

Tu viejo tú, el que no se ha decidido a patear traseros, está en el pasado. Mantente en el presente y ni por un segundo voltees hacia atrás o titubees sobre la decisión que estás tomando. Piensa sólo en tu nuevo tú.

El punto de decidir es dejar de perder tiempo y moverte hacia delante, ¡no se trata de buscar cómo puedes echarte atrás de la decisión que ya tomaste! A mí me ayudó mucho pensarlo de esta manera: no voy a ir a casa a negociar si puedo o no fumar un cigarro al igual que no voy a ir a casa a negociar si puedo drogarme con tranquilizantes para caballo. No negocio acerca de drogarme con tranquilizantes de caballo porque no me drogo con tranquilizantes de caballo. Ahora que no fumo no voy a negociar sobre fumar porque *yo no fumo*.

4. PÉGALO COMO SI FUERA PEGAMENTO

Solía escribir en una revista para emprendedores en donde me tocó entrevistar a mucha gente muy exitosa. Cuando les preguntaba sobre su secreto para el éxito, la mayoría respondía: tenacidad. Sé la última persona de pie. Acaba con tus obstáculos y excusas, con tus miedos y dudas hasta que al final pregunten: «¿Tú? ¿Otra vez? Por Dios, está bien, toma, ahora quítate de mi camino».

Dar luz a tus sueños es como… dar a luz. Concebir la idea es la parte divertida (eso espero), después pasas por una cantidad infinita de miedo, emoción, planeación, vómito, crecimiento, de pensar que estás loco, de pensar que eres maravilloso, estirándote y cambiando de forma hasta ser irreconocible para todos, hasta para ti. En el transcurso del recorrido limpias tu vómito, masajeas tu espalda y te disculpas con todas las personas a las que les arrancaste la cabeza en un arrebato hormonal, pero te mantienes en el camino porque sabes que tu bebé va a ser *increíble*. Entonces, por fin, cuando puedes ver la luz al final del túnel, empieza el parto. Tus entrañas se retuercen y te obligan a caminar en forma de la letra «C», mientras respiras, rezas y maldices; justo cuando crees que no puede ser más doloroso, la cabeza de un bebé sale de un diminuto orificio en tu cuerpo.

Después, un milagro completo sucede.

Para poder cambiar tu vida y empezar a vivir una que nunca antes has vivido, tu fe en los milagros y en ti mismo debe ser más grande que tu miedo. Sin importar lo fácil o difícil que sea tu proceso de parto, tienes que estar dispuesto a caerte, levantarte, verte como un tonto, llorar, reír, hacer un desastre, limpiarlo y no detenerte hasta llegar a donde quieres ir. Sin que te importe nada.

5. ÁMATE A TI MISMO

Pues puedes hacer lo que sea.

CAPÍTULO 24

DINERO, TU NUEVO MEJOR AMIGO

Trabajé por el salario de un criado
sólo para entender, abatido,
que cualquier salario que
le hubiera pedido a la vida,
la vida hubiera pagado con gusto.

ANÓNIMO

Hace muchos años, la ciudad de Los Ángeles fue azotada por una tormenta como ninguna otra que hubiera visto en mi vida. Llovió por lo que parecieron ser cuarenta días y cuarenta noches seguidas, y llovía fuerte. Los ríos se desbordaron, las casas se deslizaron por las colinas y las personas despeinadas causaron un caos en la ciudad a la que más le importa la apariencia en el mundo.

Era el tipo de lluvia en la que no querías manejar para nada, mucho menos en una chatarra convertible de veintitrés años con un toldo con goteras, una ventana trasera sellada con cinta adhesiva y una llanta delantera que se ponchaba cada tres días.

Había estado buscando un auto nuevo por mucho tiempo, pero no podía encontrar nada que me encantara y que pudiera pagar, pero mientras estaba sentada ahí, en un charco dentro de mi auto, manejando hacia el supermercado, sentada sobre una

207

bolsa de basura para que no se me mojara el trasero y con una vieja playera atorando la puerta para que no se metiera el agua, se me ocurrió que tal vez tenía que apresurar mi búsqueda.

En ese momento no tenía mucho dinero, pero sí un negocio propio que intentaba hacer crecer. El problema era que me sentía atrapada en el mismo lugar, aunque quería mejores cosas, monetariamente hablando, pero al mismo tiempo sentirme más valiosa y actualizada; tenía miedo de subir mis precios y perder a todos mis clientes, o de que me tacharan de ser una avara intentando llenarme de dinero, o un fraude que no tenía el derecho de cobrar tanto. También me dio miedo que mi negocio creciera tanto que se me saliera de las manos; tendría que contratar más gente, hacer cosas que odiaba hacer, estaría tan ocupada que nunca podría viajar, me marchitaría y moriría detrás de mi computadora; la diversión y la libertad quedarían en el espejo retrovisor para nunca volver a ser vistos, bla, bla, bla. Podría llenar cuatro páginas más sobre por qué estaba en donde estaba, pero basta con decir que estaba jugando al nivel de alguien que maneja un auto como el que yo tenía.

Lo más doloroso fue que, aunque todas las señales parecían apuntar a: «Despistada, atorada y en bancarrota», en el fondo sabía que podía estar haciéndolo MUCHO mejor. Por eso, aunque se podían escuchar a los grillos en mi cuenta bancaria, entré a la concesionaria Audi, pedí una prueba de manejo para la nueva Q5 y dejé que el vendedor me hablara sobre los asientos de piel y el no sé qué *premium*. En mi cabeza pensaba: «¿No sabes quién soy, verdad? Sólo estoy fantaseando un poco antes de cruzar la calle a Honda», pero mi corazón sabía algo más. En el fondo se trataba de algo mucho más grande que un estúpido auto.

Se trataba de no ser más el tipo de persona que tomaba sólo lo que tenía a su alcance, sino en convertirme por fin en una persona que sabía exactamente lo que quería.

Era algo muy fuerte, porque parte de mí estaba aterrorizada con crecer, y parte de mí quería explotar y ser enorme, también porque me gusta manejar más de lo que me gusta comer. Me torturé varias semanas decidiendo qué auto comprar.

Por fin, reduje la lista a dos opciones:

La Honda CRV, una camioneta pequeña, pero excelente, tenía los siguientes atributos:

+ Buen rendimiento de kilómetros por litro
+ Quemacocos
+ Espacio para amigos
+ Asientos cómodos
+ Un estéreo común y corriente
+ Más o menos divertida de conducir
+ Buen precio

O:

La Audi Q5, un pedazo de mantequilla con ruedas, tenía las siguientes características:

+ Más o menos un buen rendimiento de kilómetros por litro
+ Un quemacocos que ocupa todo el techo del auto
+ Espacio para amigos altos, gordos y de todos los tamaños
+ Asientos de piel tan bellos que podrías tener relaciones sexuales con ellos
+ Un estéreo diseñado por Dios mismo
+ Los ángeles cantan cada vez que se abren las puertas
+ Sexy, ostentosa, cara, pretenciosa, aterradora

Estuve muy cerca de comprar la camioneta de la Honda, pero mientras estaba sentada en la prueba de manejo por décima vez, tratando de convencerme de que era la indicada, no podía sacudirme el sentimiento de estar enamorada de alguien más. Comprar la Honda hubiera sido el paso seguro, pero sabía que la aventura, el amor verdadero y un nuevo estilo de vida requería que saliera de mi zona de confort.

Salir de la zona de confort es de lo que quiero hablar aquí. Comprar la camioneta Audi debió de haberme mantenido despierta toda la noche gritando, porque costaba la cantidad de dinero que yo sólo consideraría para una operación de corazón obligatoria, no para algo tan frívolo como un auto. Pero en cuanto la compré, dormí como una bebé, porque en cuanto decidí comprarla también tomé la decisión de dejar atrás la porquería y convertirme en el tipo de persona que puede pagar un auto así o que puede hacer lo que sea que se le ocurra.

De inmediato pensé en un plan para pagar la camioneta Audi, y estoy segura de que si hubiera comprado la Honda, aún hoy tendría problemas para pagarla, porque seguiría jugando en las ligas menores, seguiría pensando que no puedo pagar más, que soy del tipo de persona que tiene que sufrir para pagar lo que quiere, que no puedo salir de mi zona de confort para conseguir algo que esté «lejos de mi alcance».

Cuando eleves tu idea de lo que es posible y decidas ir por lo que quieres te abres a los medios para conseguirlo.

No quiero decir que debas salir y gastarte todo tu dinero en porquerías. Estoy hablando de *expandir tus creencias sobre lo que está disponible para ti en todas las áreas de tu vida*. Y como propósito de este capítulo, me enfocaré en el tipo de dinero que crees que está disponible para que compres las cosas y experiencias que verdaderamente deseas.

Si el dinero está ya en tu cuenta bancaria es irrelevante (yo tampoco tenía dinero cuando compré mi camioneta nueva). Cuando estés listo para jugar en las ligas mayores (por ejemplo: renunciar a tu trabajo mediocre e invertir en un negocio propio, comprar una casa, mandar a tus hijos a una escuela privada, contratar un *coach* personal, contratar a alguien que te ayude con el aseo, comprar un nuevo colchón), tienes que pagar con el dinero que tienes o con el dinero que estás por ganar. Pero hacerlo va a ser muy difícil si sigues insistiendo en que no está ahí para ti y que no eres del tipo de persona que podría pagarlo o cubrir los intereses si pides un préstamo.

Para poder transformar tu vida tal vez tengas que gastar todo el dinero que tienes, pedir un préstamo, endeudarte con una tarjeta de crédito o ganarlo de cualquier otra manera. Eso va a ir en contra de unas creencias muy profundas sobre cómo las deudas son irresponsables (a menos que sea un préstamo para ir a la universidad, en ese caso está bien). Esto se trata de lanzarte al vacío con fe hacia un reino en el que *deseas estar con fuerza,* tienes que obligarte a elevar tu nivel según lo pida la ocasión y empezar a vivir tu vida de una maldita vez.

Después de que yo me lanzara al mundo de los autos de lujo, logré conseguir ingresos de seis cifras en mi negocio por primera vez, viajé por el mundo de manera cotidiana, conseguí publicar mi tercer libro, hice grandes donaciones (a mi nombre) a causas que me apasionan y ayudé a que mis clientes también tuvieran éxitos similares.

Este es el punto: tener dinero no se trata del dinero, así como perder peso no se trata del peso y encontrar a tu media naranja no sólo se trata de tu media naranja. Se trata de en quién te conviertes y de lo que crees que es posible para ti.

El dinero es una divisa y la divisa es energía.

Como ya lo discutimos, vivimos en un Universo vibrando con energía. Nuestro Universo es abundante y todo lo que puedas desear ya está aquí, en este momento, esperando a que cambies tu perspectiva, tu energía, y lo recibas. Incluyendo el dinero.

El dinero es energía, como cualquier otra cosa, y cuando operas a una frecuencia alta, sin resistencia, en cuanto entres en acción, podrás ganar el dinero que desees. Todos sabemos que debemos trabajar para tener dinero, nos han enseñado eso toda la vida, pero lo que no nos enseñaron es que debemos alinear nuestra energía con la abundancia económica que buscamos. En otras palabras, actúa como si ya estuvieras en donde quieres estar, no te juntes con gente triste y floja que sólo habla sobre lo pobre que es. Borra las palabras «no puedo» de tu vocabulario, visualiza lo que deseas, ponte metas, oblígate a convertirte en quien tengas que ser para conseguir la vida que quieres. Nuestra relación con el dinero es tan importante como las acciones que tomamos para manifestarlo, por eso hay tantas personas que trabajan toda su vida, pero que tienen una energía asquerosa cuando se trata del dinero y por eso se preguntan por qué nunca tienen nada a pesar de su esfuerzo.

Aquí hay un pequeño diálogo que puede o no sonarte conocido:

«¡Sí! ¡Yo también creo que es divertido estar contigo! Espera, ¿qué? ¿Crees que soy la raíz del mal? ¿Cómo puedes decir eso? Pero si te la pasas diciendo que quisieras tener más de mí, aunque te dé miedo admitirlo. Y dices que no estoy aquí para ti. Y crees que las personas que me quieren son cerdos egoístas. Pero te emocionas cada vez que me ves. Y trabajas tanto para que pueda llegar. Pero te mantengo en un estado de preocupación constante. Y odias tratar conmigo. No importa lo que haga, nunca es suficiente. Un minuto actúas como si te fueras a morir sin mí, pero al siguiente te sientes como una prostituta barata. ¿Sabes qué? Ya terminé. Nos vemos después, loco».

Esta, o algo parecido, es la relación que la mayoría de las personas tiene con el dinero. No creo que la pregunta sea: «¿Por qué no podemos tener el dinero que queremos?». Creo que la mejor pregunta es: «¿Cómo diablos esperamos hacerlo?». La mayoría de las personas tiene sentimientos encontrados en cuanto al dinero y crea todo un show a su alrededor, igualado solamente por los sentimientos que se tienen en cuanto a la religión y al sexo. Los tres son llenados a tope con problemas, ansiedades y devotos, dispuestos a pelear hasta la muerte por su creencia en una causa que le trae mucha tristeza al mundo. Pero si todos pudiéramos relajarnos, el sexo, el dinero y la religión serían las causas más grandes de felicidad en el mundo.

Qué tontos somos, ¿verdad?

Para atraer el dinero a nuestra feliz vida, tenemos que entender que estamos teniendo una relación con él y que debemos tratarlo como a cualquier otra relación importante que tengamos: necesitamos ponerle atención, quererlo, nutrirlo, esforzarnos, respetarlo, cuidarlo, amarlo, etcétera.

Alejarte de tus miedos y de tu odio hacia el dinero, sea consciente o inconsciente, es esencial si quieres crearlo. Durante mucho tiempo estuve orgullosa de mi pobreza, sentí que era mucho más noble mi búsqueda de arte y altruismo que las otras personas que desperdiciaban su vida persiguiendo el dinero. ¡De ninguna manera iba a sacrificar mi maravillosa vida persiguiendo al asqueroso dinero! No, yo iba a decidir entre tener un seguro médico o un techo sobre mi cabeza. Iba a pasar mi valioso tiempo (que pude haber usado, mmm, ganando dinero) manejando treinta cuadras más hacia la gasolinera en donde podía ahorrarme unos centavos por litro, investigando entre los montones de ropa en las tiendas más baratas, recortando cupones, cazando rebajas, investigando qué bares ofrecían botana gratis en la compra de una bebida, cosas productivas como esas. Dentro de mi búsqueda para hacer que el dinero fuera una parte intrascendente de mi vida, pensé más en el dinero que en la gente que sí lo tenía.

De lo que no me di cuenta fue de que esa situación no era excluyente. Podía ganar dinero y mantener mi integridad, divertirme mucho más, crear más arte, ayudar más a los demás y generar un cambio mucho mayor en el mundo.

Oh.

Sólo tenía que superarlo. Tenía que dejar de trabajar con la fórmula de querer / tener dinero = patán egoísta. Y tenía que desarrollar un maldito plan.

PRIMERA REGLA SOBRE LA CONSCIENCIA MONETARIA: LLEGA DE UN LUGAR DE ABUNDANCIA, NO DE ESCASEZ

Cuando decimos que queremos dinero para algo, normalmente lo abordamos desde la perspectiva de «No tengo, no existe y por eso tengo que crearlo». Esto nos enfoca y nos hace creer en la escasez, bajando nuestra frecuencia y atrayendo más escasez.

Cuando decimos: «Voy a conseguir cinco mil dólares para irme de viaje a Italia, mira cómo lo hago», nuestra frecuencia es alta en aquello que aún ni siquiera hemos visto, lo que eleva nuestra frecuencia. Así elevamos nuestra habilidad de atraer dinero. Por eso, comprar un auto funcionó tan bien para mí, pues me obligó a enfrentar mi miedo y a fortalecer mi fe porque lo compré *antes* de tener prueba de que el dinero estaba ahí. *¡No veo el dinero, pero creo que está ahí y que será mío, maldita sea!*

Esta abundancia está disponible para todos, incluyéndote a ti, sin importar cómo se vea tu vida en este preciso momento. Algunas personas nacen con vidas muy cómodas, cuentas bancarias llenas, conexiones, oportunidades y una educación de primer nivel; algunas de estas personas logran tener un enorme éxito económico en sus vidas y otras no. Otras personas nacen en pobreza extrema y viven en una casa de cartón al lado de una avenida, pero algunas de estas logran tener un enorme éxito económico en sus vidas y otras no.

Si bien sus obstáculos e impresiones iniciales sobre el dinero pueden ser extremadamente diferentes, aquellos que logran tener éxito tienen una cosa en común: la creencia de que pueden ser, hacer y tener lo que su mente quiera conseguir.

Tus creencias son la llave de tu éxito económico.

Cree que puedes tener lo que deseas, que verdaderamente ya existe y después ve a conseguirlo. Una vez que entiendas que vivimos en un Universo abundante, también puedes hacer a un lado la creencia limitante de que le haces un bien al mundo al no tomar demasiado de él o al convertirte en algo demasiado grande. Al quedarte corto sólo retienes los regalos que ibas a entregarle a alguien más y a ti mismo. ¿Te imaginas si tu músico favorito no se hubiera permitido tener suficiente dinero para comprar una guitarra, para tomar clases, contratar productores, comprar botas de plataforma moradas y pantalones brillantes o pagar miles de dólares por unas cuantas horas en el estudio para grabar las canciones que te ayudaron a sobrevivir la preparatoria? ¿O si la gente que se dedica a construir aviones se rehusara a tener el dinero necesario para pagar por investigaciones, materiales, fábricas, ingenieros, electricidad y demás materiales costosos necesarios para construir esas milagrosas máquinas voladoras que nos permiten viajar por el mundo, pasar nuestras vacaciones en una playa tropical y visitar a las personas que más amamos?

Mientras más tengas, más puedes compartir.

Hay suficiente dinero para compartir, el que no te permitas tenerlo no quiere decir que le toque a alguien más, así como el que tú lo tengas no se lo quita a nadie más. La única razón por la que deberías sentirte mal al aceptar dinero por algún producto o servicio es si estás estafando a alguien (no haciendo o dándole lo que habías prometido) o si le estás causando daño a alguien. Se trata de contribuir a que la vida sea más fácil, más feliz, segura, saludable, mejor, más sabrosa, hermosa, divertida, interesante, atenta, con más amor; no importa lo que hagas, trae algo bueno a la fiesta. Si vienes de un lugar lleno de integridad, cualquier sentimiento negativo que tengas sobre no merecer un bienestar económico es sólo una pérdida de tiempo. Así como cualquier sentimiento negativo sobre el dinero es una pérdida de tiempo. La gente egoísta hace cosas egoístas para tener dinero, así que no culpes a este por su asqueroso comportamiento.

Aquí hay unas cuantas nalgadas sobre este tema de la autora/oradora Marianne Williamson que recién oí en una plática que dio:

«Tener dinero es como cualquier otra cosa, es una herramienta, y si lo ves de esa manera, en vez de hacerlo sobre ti, es como ser parte de la dinámica en la que el dinero es usado para mejorar las cosas; entonces tener el dinero no es sólo una bendición, también es una responsabilidad».

¡*Tener dinero es una responsabilidad!* Deja que tu crítico económico interno piense *eso* por un rato.

SEGUNDA REGLA SOBRE LA CONSCIENCIA MONETARIA: ENTIENDE DÓNDE ESTÁS

Escribe una canción sobre cómo te sientes sobre el dinero. Entiende tu locura sobre eso porque, créeme, si no tienes dinero, tienes, aunque sea, un poco de locura. Escribe algo como:

«La verdad es que no confío en el dinero. Quiero mucho para poder hacer lo que quiera y hacer grandes cambios en el mundo, pero no creo que llegue a mí; o si llega, no creo que se quede, pues nunca ha sido así. Odio necesitarlo. Creo que la gente que lo tiene es malvada y tienen prioridades equivocadas. Lo ignoro porque odio lidiar con él. De cualquier manera, no sabría qué hacer si lo tuviera». Si es más fácil, imagínate que el dinero es otra persona y escríbele como si le escribieras a esa persona. Sólo plásmalo en la página para que puedas verlo.

Después analízalo por partes, oración por oración y monta un drama sobre el dinero que sea digno acreedor a un Óscar. Por ejemplo, usando el párrafo anterior:

«No creo que llegue a mí». ¿Alguna vez te ha llegado? Supongo que sí. ¿Puedes pensar en un momento y cantidad específica de dinero que te haya ayudado o divertido? «Sí, fui diseñadora gráfica durante cinco años. Trabajé en muchos proyectos increíbles con personas interesantes y gané una buena cantidad de dinero». ¿Alguna otra vez?, ¿has tenido otros trabajos, regalos monetarios o dividendos? «Sí». ¿Puedes mencionar cinco o diez veces en las que el dinero te llegó en un momento importante? «Sí». ¿Entonces si te llegó antes es posible que te vuelva a llegar? «Sí». ¿Puedes cambiar tu creencia de «El dinero no llega a mí» a «El dinero sí llega a mí»? Está bien. Sí puedo.

Ahora que reconoces la verdad, enfócate en que el dinero llega a ti: imagínate recibiendo todo el dinero que necesitas, visualiza cómo lo gastarás y *siéntelo* hasta en los huesos. Cambia tu historia de «El dinero no llega a mí» a «El dinero me llega todo el tiempo». Convierte esta frase en una afirmación que puedas repetir en tu mente mientras caminas y también en voz alta, una que escribas y leas una y otra vez, pégala en el espejo del baño, etcétera. Inyéctala en tu cerebro y en tus huesos.

Otro ejemplo:

«Odio necesitarlo». ¿Por qué? «Porque nunca tengo suficiente para hacer lo que quiero». ¿Es verdad? ¿Nunca has tenido suficiente dinero para hacer lo que quieres? «Bueno, en algunas ocasiones sí tuve suficiente». ¿Entonces no es cierto que nunca tienes suficiente dinero para hacer lo que quieres? «No». Cuando tienes suficiente dinero para hacer lo que quieres hacer, ¿odias necesitarlo? «No». ¿Cómo se siente cuando lo tienes y puedes gastarlo en algo que te emociona comprar para ti o para alguien más? «Muy bien, de hecho». ¿Entonces es verdad que odias necesitarlo? «No».

Cuando te des cuenta de una gran mentira, enfócate en gastar más generosamente en ti, en las personas que amas, en una causa que te apasione o en cualquier cosa que *sientas* en los huesos. Imagínate recibiendo dinero y llénate de gratitud porque llegó a ti. Sé agradecido con el dinero por ser una herramienta tan maravillosa y por permitir que te sientas tan bien. Cambia tu historia de «Odio necesitarlo» a «Estoy agradecido porque el dinero me permite tener una vida maravillosa».

Empieza a sanar tu relación con el dinero. Sienta tu pobre trasero y escríbele una carta al dinero y después analízala oración por oración como lo hice arriba (por favor, HAZLO) y crea nuevas afirmaciones sobre el dinero. Repite tus nuevas afirmaciones y siéntelas en los huesos. Camina pensando lo mucho que amas, amas, amas el dinero. (¿Leer eso te hizo vomitar un poco?)

Vas a ir en contra de creencias realmente arraigadas en tu interior, el dinero puede ser muy pesado para algunas personas, así que si quieres superar tus problemas con el dinero y empezar a crearlo, *pasa tiempo haciendo esto*. Estás rescribiendo una historia que está grabada con sangre por ti y generaciones pasadas, una historia que has creído toda tu vida, así que vas a tener que esforzarte para reescribirla y empezar a vivirla.

TERCERA REGLA SOBRE LA CONSCIENCIA MONETARIA: DECIDE DÓNDE DESEAS ESTAR

Todos necesitamos dinero. Lo necesitamos para alimentarnos, comprar ropa, tener en dónde vivir, comprar agua, medicina, etcétera. Pero cuando hablamos de algo más que de supervivencia básica y empezamos a hablar de cuánto «necesitamos» el dinero, si tenemos culpa, juicios o terror sobre lo que significa tenerlo y lo que la gente pensará de nosotros, todo se viene abajo.

Por supuesto que nadie «necesita» dinero más allá de lo suficiente para poder sobrevivir, pero si hablamos de florecer en la máxima expresión de nuestro ser superior en un Universo abundante, sí lo necesitamos. Por eso, estoy asumiendo que estás leyendo este libro en lugar de uno sobre cómo distinguir las moras venenosas de las que sí puedes comer. No sólo quieres sobrevivir, quieres prosperar en todas las áreas de tu vida, incluyendo el área de soporte financiero.

Ser rico significa tener los recursos para proveerte con todo lo que necesitas, quieres, deseas, y de esta manera puedes compartir tus regalos con el mundo siendo el chingón más grande que puedas ser. Esto significa ser rico psicológicamente, espiritualmente, energéticamente, así como materialmente.

Imaginemos que tienes tu propia empresa de ropa; necesitas dinero para rentar un espacio en el que puedas crear tus diseños, pagar materiales, mano de obra, envíos, sueldos, mercadotecnia y demás gastos para que tu negocio funcione. Eso es obvio, pero también tienes que sentirte feliz, saludable y bien para que puedas hacer tu mejor esfuerzo y llevar los mejores productos a tus clientes. Tal vez tengas que vivir y trabajar en un lugar que te inspire, contratar asistentes para que no te sientas exhausto todo el tiempo y puedas delegar el trabajo, hacer cosas que te llenen de felicidad como irte de viaje o invitar a tus amigos a cenar, unirte a un gimnasio, adoptar un cachorro o comprar narices de payaso para todos en la oficina. Tal vez quieras donar el veinte por ciento de tu ingreso neto a la gente que taladra pozos de agua en África o contratar a más empleados para que puedas dedicar parte de tu tiempo a una causa benéfica. TODO cuenta. Sentir que no mereces las cosas que te vuelven más feliz y, por ende, una mejor versión de ti mismo, porque sientes que es egoísta o que es pedir demasiado, al final del día sólo abarata a la vida porque no te estás apoyando y, como resultado, no compartes tu alta frecuencia con el mundo.

Conviértete en tu mejor versión, haz lo mejor que puedas, espera lo mejor, recibe lo mejor y dale lo mejor al mundo para que todos también reciban lo mejor.

Piénsalo así: ¿preferirías estar en un mundo en el que todos son felices, cuidadosos y se inspiran los unos a los otros a ser la mejor versión de sí mismos? ¿O preferirías vivir en un mundo en el que la gente vive con miedo, vergüenza y escatima tanto que se frena a sí misma? ¿Cómo crees que cada una de esas situaciones afectaría *tu* energía?

Una de las mejores cosas que puedes hacer para mejorar al mundo es mejorarte a ti.

Es un esfuerzo que tiene que empezar desde la raíz. Así que si necesitas dinero para mejorar tu vida, supéralo de una vez y consigue un poco, porque esto no sólo se trata de ti, *¿okay?*

Para conseguir dinero, primero tienes que saber qué tipo de vida te hará feliz. ¿Qué tipo de posesiones y experiencias te ayudarán en el trabajo que quieres tener y en la vida que quieres vivir? Si verdaderamente eres feliz viviendo en una tienda de campaña rodeado de tus seres queridos, cambiando pequeñas artesanías que hayas tallado de huesos de vaca por un poco de comida y teniendo apenas suficiente dinero para sobrevivir, está bien, pero fingir que no quieres más de lo que ya tienes porque no te alcanza, te sientes culpable y ambicioso por quererlo, esa es otra cosa. Eso se llama ser un perdedor. Determina cómo, según tú, se ve la versión más clara del éxito (no te compares con otros, por favor), analiza cuánto te costará y después ve a conseguirlo con determinación para obtener el dinero que necesitas para crearlo.

CUARTA REGLA SOBRE LA CONSCIENCIA MONETARIA: ELEVA TU FRECUENCIA

El dinero por sí solo no significa nada. Un billete de cien sobre una mesa no es más que papel. Es la energía que lo rodea lo que lo hace importante. Ese billete de cien dólares pudo haber sido metido dentro de una tarjeta de cumpleaños de parte de tu abuela, quizás se lo robaste a tu mejor amiga cuando no te estaba viendo o te lo pudiste haber ganado haciendo algo que amas o algo que odias. En cada situación la energía alrededor del dinero es diferente.

Nada tiene más valor que el que le damos.

Asimismo, el valor que le pones a las cosas y servicios tiene energía. Alguien podría vender una playera en una tienda por cien dólares. Alguien más podría vender la misma playera en una tienda más sofisticada por mil dólares. ¿Cuánto vale un reloj de oro? ¿Cuánto vale un reloj descompuesto que solía pertenecer a Michael Jackson?

Todo es fantasía. Más bien, *todo es lo que nos hacemos creer*. Si creemos que valemos diez dólares por hora, esa es la frecuencia que externamos y ese es el tipo de trabajo o cliente que atraeremos. Si creemos que valemos cien dólares la hora, esa será la energía que externaremos y atraeremos ese tipo de clientes u oportunidades laborales. La palabra clave es «creer»; no puedes hacer un mal trabajo y cobrar más de lo que crees que vales y esperar que te lo paguen. Tampoco puedes cobrar menos de lo que crees valer y esperar crecer, pues sólo vivirás enojado.

Para crear riqueza, tienes que alinearte energéticamente con el dinero que deseas obtener.

Tres personas pueden hacer el mismo trabajo, digamos por ejemplo que son quiroprácticos. Uno gana cincuenta mil dólares al año, uno gana cien mil dólares y otro gana un millón de dólares. ¿Será que el que gana un millón de dólares es *mucho* mejor que el que gana cincuenta mil pesos? ¿Y cómo se le puede poner precio a ese «mejor» trabajo? ¿Acaso ajusta espaldas novecientas cincuenta mil veces mejor que el sujeto que sólo gana cincuenta mil dólares? Puede ser que sea más experimentado o más habilidoso (o puede ser que no), pero al final lo que importa es la decisión de su valor. Está operando a una frecuencia de un millón de dólares, así que eso es lo que cobra. Y lo que obtiene.

El dinero es un intercambio de energía entre personas.

Cuando le cobras a tus clientes por una frecuencia alta o pides un salario específico, atraes clientes y trabajos que ya están en esa frecuencia. No los estás amenazando con una pistola a la cabeza. No eres el único ofreciendo esos bienes o servicios, son libres de trabajar con otras personas que estén a una frecuencia diferente a la tuya, son ellos quienes te buscan a ti y parte de esa oportunidad es encontrarse contigo en esa frecuencia. Si bajas tu frecuencia por miedo sólo dejas a todos vibrando en una frecuencia baja.

Si te parece importante ofrecer bienes o servicios a un precio mínimo o hasta gratis a gente que esté sumergida en excremento hasta las rodillas, puedes tener una parte de tu negocio que sea caritativa, encontrar un patrocinador, buscar becas o encontrar otra manera de mantenerte mientras trabajas gratis. Pero cansarte porque tienes que trabajar ocho millones de horas para poder sobrevivir porque te sientes culpable de cobrar lo que crees que vales es para perdedores. Al final terminas por ayudar a menos gente porque terminas cansado, enojado y eres, en general, menos eficiente.

Entonces, ¿cómo te sientes, en cuanto a energía, con lo que ganas? ¿Y hasta dónde quieres llegar?

Eso lo puedes descubrir siendo honesto contigo mismo sobre el tipo de vida que quieres, analizando cuánto tienes que ganar para poder conseguir esa realidad y alineando tu frecuencia con el ingreso que deseas. Si no estás ni cerca de donde quieres estar, oblígate a subir tus precios o a buscar trabajos que paguen mejor. Rodéate de experiencias y personas que tengan una frecuencia más alta. Mejora tu educación y habilidades. Crea carteles en donde imagines cómo se verá tu vida en un futuro. Creo que es importante decirlo de nuevo: elevar tu frecuencia es como desarrollar un músculo, tienes que llevar un proceso para fortalecerlo.

QUINTA REGLA SOBRE LA CONSCIENCIA MONETARIA: MANTENTE EN FORMA

Tienes que mantener tu frecuencia alta y tu creencia en posibilidades ilimitadas elevada para poder tener la casa de tus sueños, para cumplir tu sueño de ir a los Juegos Olímpicos o para atraer a tu media naranja. De lo contrario, corres el riesgo de tener la misma asquerosa relación que tiene tu padre con el dinero, el terror que le tiene tu madre a que la vean o la desconfianza que le tienen tus padres divorciados a la intimidad. Cuando se trata de ser fuerte con el dinero, lo mejor que puedes hacer es leer libros sobre consciencia monetaria, todo el tiempo, una y otra vez. Mis dos pilares siempre han sido *Piense y hágase rico*, de Napoleon Hill, y *La ciencia de hacerse rico*, de Wallace Wattles (ambos títulos los menciono al final de este libro), pero hay muchos más que puedes leer. Encuentra los que funcionen para ti y léelos cuando menos treinta minutos todos los días. Rodéate de gente que te motive, que no crean que el dinero es un mal, y de quienes ya tienen o están en camino a tenerlo. Cuida tus pensamientos y tus palabras. Haz un esfuerzo consciente por mantener tus pensamientos financieros positivos e inquebrantables.

SÉ REAL SOBRE CUÁNTO DINERO QUIERES Y PARA QUÉ

Hay incontables maneras de ganar mucho dinero y, dependiendo del tipo de negocio que busques, obviamente variarán, pero existen varias reglas que pueden aplicarse para todo. Empieza por pensar en el tipo de vida que te encantaría vivir, descifra cuánto dinero necesitas para poder tenerla y vivirla. Si no sabes cuánto costará construir la casa de tus sueños, investígalo. Si quieres viajar, piensa en cuándo y a dónde, haz cuentas para saber exactamente cuánto necesitas. Si quieres un estilo de vida en el que quieres salir a comer más y tener ropa más elegante, haz la cuenta.

¿Cuánto dinero necesitas ganar al año? ¿Al mes? ¿Por hora? El Universo responde a los detalles. El Universo responde a la energía. El Universo les responde a los chingones.

Hay una diferencia enorme entre caminar diciendo que quieres ganar un millón de dólares al año y tener intenciones claras, un deseo feroz y una iniciativa endiablada para conseguir objetivos específicos.

Haz una lista, sé superespecífico sobre lo que es, cuánto costará, por qué lo quieres, cómo te hará sentir, etcétera. Tienes que estar absolutamente emocionado por ello y quererlo tanto que no pueda ser negociable: debe pasar sin importar cuánto me tarde. Decide exactamente qué es lo que quieres y escribe el costo.

HAZLO URGENTE

¿Te has dado cuenta de cómo cuando tienes que pagar la renta en menos de una semana y no tienes ni idea de cómo vas a pagarla, o si necesitas una cantidad específica para algo urgente, como que te saquen una muela podrida, siempre encuentras una manera de conseguir el dinero justo a tiempo? Puede ser que un cheque olvidado llegue por correo, que te contratan para un trabajo *freelance*, que te armes de valor para pedirle un préstamo a un amigo, que vendas las joyas que te heredó la abuela o que compitas contra niños de primaria vendiendo limonada y que les ganes. Pasas de perder el tiempo quejándote y preocupándote porque de pronto estás demasiado ocupado haciendo que las cosas sucedan. Ese es el poder de:

- Claridad
- Urgencia
- Dejar de jugar

El dinero está ahí si verdaderamente lo deseas. Sólo se trata de ser tan serio que no te desvíes del camino para obtenerlo sin importar lo que te pongan enfrente.

El truco está en tratar tus sueños con la misma urgencia y determinación. Una cosa es patear traseros cuando tengas la espada contra la pared y tengas que conseguir el dinero para la colegiatura de tu hijo y otra muy diferente imponerte una urgencia para que te mantengas en el camino correcto hasta crear la vida de tus sueños, en vez de dejarte caer hacia el Gran Bodrio. Necesitas un sentido de urgencia para mantenerte enfocado cuando las cosas se pongan difíciles y empieces a resbalarte pensando: «Al diablo, no me importa vivir al lado de una perrera llena de animales que ladran toda la noche. Lo puedo arreglar comprando tapones para las orejas y sellando las ventanas». En lugar de ser una persona reactiva, tienes que ser activa. Se trata de no volver a ser una víctima (dejar que las circunstancias controlen tu vida) y empezar a actuar como un superhéroe (crear una vida en la que despiertes emocionado y no puedas creer que puedes ser tú mismo).

Una buena manera de prepararte para subir de nivel es elevando tu punto más bajo. Cuántas veces nos lanzamos al vacío sólo cuando no nos queda de otra, como cuando tienes que apagar un incendio, por ejemplo, o pagar una enorme deuda. Esto se trata de cambiarte a *ti*, no sólo de cambiar tu ingreso económico. ¿Por qué no convertirte en el tipo de persona que siempre tiene cierta cantidad de dinero en el banco? Conviértete en alguien que no esté siempre al borde del pánico y retrasado con los pagos. Piensa en una cifra y decide que tu cuenta nunca bajará de esa cantidad; haz que no sea negociable. Por ejemplo, si decides que siempre tendrás doscientos dólares en tu cuenta y te rehúsas a ver tu saldo debajo de esa cifra, te obligas a buscar un nuevo ingreso cada vez que estés cerca de bajar a ese número. O decide que donarás el diez por ciento de lo que ganes a una causa benéfica, sin excusas. Crea un nuevo límite, sal de esa lucha constante cambiando tus ideas y siendo consciente sobre cómo usarás, ganarás y recibirás dinero.

VISUALÍZATE CON DINERO Y LAS EXPERIENCIAS Y/O COSAS QUE TE DARÁ

Como ya dije, el dinero por sí solo no significa nada. Es con lo que lo asociamos lo que le da significado y nos inspira a tenerlo en nuestras vidas. Es lo que el dinero nos hace sentir lo que nos emociona para conseguirlo. Escribe un mantra que puedas repetir una y otra vez en tu mente para ayudarte a conseguir el dinero que deseas. «Me veo ganando millón y medio de dólares antes de fin de año, siendo contador y atendiendo a mis clientes de la mejor manera posible. Estoy agradecido por ese millón y medio antes de fin de año que me permite llevar a mi familia de vacaciones a Bali, renovar nuestra cocina y donar dinero para que construyan una escuela en Kenia. Me veo en la selva con mi esposa y mis hijos, nos estamos quedando en mi hotel favorito, en Ubud. Me siento muy bien de poder darles a mis hijos esta experiencia que les cambiará la vida y de que mi esposa esté tan feliz. También puedo ver la nueva cocina y la felicidad que le dará a mi esposa. Veo las caras de los niños en Kenia al usar su nuevo pizarrón en la escuela que ayudé a construir; siento muchísima alegría al ver las mejoras que puedo hacer en su vida. Estoy muy agradecido por ese millón y medio que tendré antes de fin de año. Visualizo a los maravillosos clientes con los que trabajo y cómo están más que felices de pagarme mil dólares la hora por mis servicios. Ese dinero es mío, se dirige hacia mí ahora mismo, lo veo en mi cuenta bancaria y estoy agradecido por ello».

Escribe uno que te haga sentir invencible, léelo una y otra vez todos los días, velo, siéntelo y vuélvete loco por ello. Sé que suena como algo muy laborioso, pero hazlo de todas maneras porque, créeme, funciona. Los objetivos vagos y pobres son la mejor manera de vivir una vida vaga y pobre. Si quieres conectar un *home run*, tienes que saber a dónde estás apuntando. Tienes que estar tan emocionado por ello que prácticamente te moleste hasta a ti mismo.

ENTRA EN ACCIÓN CON DESTINO A LA GLORIA

Haz todo lo que puedas pensar para conseguir este dinero/nuevo estilo de vida. Si tienes tu propio negocio, ¿qué nuevos productos o qué nuevos programas puedes ofrecer? ¿Puedes subir tus tarifas? ¿Mejorar el uso de tu tiempo? ¿Conseguir clientes más grandes o sofisticados? ¿Venderles más a los clientes que ya tienes? ¿Tener otro trabajo de medio tiempo? Si trabajas para alguien, pide un aumento o busca un nuevo trabajo que te pague mejor. Escucha a todos a tu alrededor con nuevos oídos. ¿Hay alguna oportunidad para un mejor trabajo o uno mejor pagado que tal vez no hayas identificado antes? ¿Hay algún puesto que puedas crear o sugerir para llegar a tu nivel de ingreso deseado? Sigue haciendo todo lo humanamente posible para atraerlo hacia ti, después entrégate al Universo y mantente atento a la llegada de algo inesperado: una herencia, alguien que quiera pagarte por tus servicios, una idea que normalmente rechazarías por ser demasiado atrevida o hasta la conversación de dos personas que estén buscando a alguien justo como tú para rediseñar su nueva oficina. Espera que llegue una oportunidad o persona que normalmente no se atravesaría por tu camino. Estás lanzándote a una nueva realidad, tu trabajo no consiste en saber el *cómo*, tu trabajo es pedir lo que quieres y esperar a descubrir el *cómo*, después entrar en acción.

Cuando el dinero imprevisto o el nuevo trabajo o cliente llegue, échale la culpa al Universo. Puede pasar de inmediato, literalmente, o puede tardar años. Tu trabajo es hacer todo lo posible para obtenerlo y tener una fe inquebrantable en que el Universo se está preparando para entregártelo en el momento perfecto.

TOMA CLASES

Rodéate de gente que sepa más que tú. Lee sobre ellos, estúdialos, pasa el tiempo con ellos y contrátalos. Busca al entrenador, maestro, libro o seminario perfecto, porque cuando el estudiante está listo, el maestro aparece. Pon atención a todo lo que aparezca en tu radar y aprende tanto de ellos como te sea posible.

ÁMATE A TI MISMO

Y lo tendrás todo.

CAPÍTULO 25

RECUERDA ENTREGARTE

Entrégate ante lo que es.
Dile «Sí» a la vida y ve cómo empieza
a trabajar a tu favor, en vez de en tu contra.

ECKHART TOLLE, autor, canalizador,
sumo sacerdote de la teoría de estar presente

Imagínate sentado al lado de una ventana contemplando un jardín en un hermoso día de primavera. Puedes ver pájaros, abejas y mariposas volando alegremente, cuando de pronto la mariposa más hermosa del mundo llama tu atención. Sus increíbles alas color turquesa hacen que tu corazón explote, su alegre vuelo te hace cantar, su metamorfosis de gusano húmedo a esa hermosa criatura te llena de inspiración. De pronto te levantas, abrumado y enloquecido con un deseo feroz: «¡Debe ser mía, debe ser mía!». Corres al clóset, tomas una red, sales de la casa y caminas de puntitas entre los tulipanes, persiguiendo a tu amada presa, todos tus sentidos están alerta, tú te sientes enfocado, determinado, tenaz; agitas la red sobre tu cabeza y persigues a la mariposa por el jardín. La persigues por horas y horas, pero parece que lo único que logras es asustarla, no atraparla. Sólo cuando dejas de desesperarte, cuando te relajas, respiras y te entregas a los deseos del Universo, entonces la mariposa de tus sueños llega calmadamente a ti y aterriza sobre tu nariz.

Queremos algo tan, pero tan ferozmente que trabajamos sin descanso para conseguirlo, pero si no nos entregamos, terminaremos por alejarlo. Llega un momento en el que tenemos que dejar que el Universo haga el trabajo. Esto no quiere decir que nos rindamos o que dejemos de tomar cartas en el asunto. Quiere decir que *enérgicamente* lo hemos liberado de nuestro puño, creando espacio para que llegue aquello que queremos. Se trata de permitir en lugar de obligar. Se trata de dejar ir y confiar que, si está alineado con el propósito de nuestra vida, llegará a nosotros, o que algo o alguien mucho mejor llegará en su lugar. Se trata de entregarse y dejar que el Universo haga lo suyo mientras mantenemos la fe de que nuestro mayor deseo llegará.

Tu fe en el Universo tiene que ser mayor a tu miedo de conseguir lo que quieres.

Es como si contrataras a alguien para que limpie tu casa para que tú puedas concentrarte en otras cosas que disfrutas hacer. Explicas detalladamente lo que debe hacer, le muestras dónde está la escoba, le dices que lo golpearás hasta el cansancio si rompe las tazas de cerámica que te hizo tu sobrina, pero confías en que hará el trabajo. Si te mantienes cerca de esa persona y le quitas la esponja una y otra vez, «¡Así no, déjame hacerlo!», nunca terminarán el trabajo y tú te mantendrás en un estado perpetuo de lucha, por lo que, para empezar, no podrás cosechar los beneficios que te llevaron a contratar a alguien.

Entregarte es la parte en la que le delegas el trabajo al Universo.

Lo que pasa a veces es que a pesar de nuestras mejores intenciones y esfuerzo, estamos tratando de controlar circunstancias usando nuestras creencias limitantes y viejas rutinas. Creemos que debemos intentar *tomar* la situación por los cuernos (o bien, los pensamientos basados en el miedo) en vez de tener fe y gratitud y *permitirle* al Universo que nos entregue pensamientos basados en el amor. En pocas palabras, creemos que podemos hacer un mejor trabajo que el Universo.

Imagina que alguien te invita a una fiesta. Todos están emocionados por la celebración y por el simple hecho de pensar que estarás ahí. Te invitan con alegría, regocijo y deseo de verte ahí, pero sin una gota de presión, saben que si vas, será maravilloso, y si no, será maravilloso. Su fiesta va a ser espectacular. Lo creen en sus corazones. Es la verdad.

Ahora imagina que alguien más te invita a otra fiesta. Esa persona te exige que vayas y actúa como si su fiesta fuera a ser un fracaso absoluto a menos de que vayas, y te recuerda que ella sí asistió a tu última fiesta, así que tienes que ir a la suya. Es quejumbrosa, manipuladora, controladora y una gran molestia. Sabe que puede tener una fiesta maravillosa y verdaderamente cree que puede hacerlo, pero por alguna razón ha decidido que todo depende de si vas o no.

Ambas personas pueden hacer lo mismo para prepararse: decorar sus casas, comprar quesos para poner en platos, alcohol, ordenan esculturas de hielo, pero una persona está mucho más cerca de obtener lo que quiere (que llegues y verdaderamente quieras estar ahí) que la otra, porque se entregó. Entregarse no se trata de lo que haces, sino de quién eres mientras lo haces.

Tu vida es una fiesta. Puedes escoger cómo invitar a las personas, experiencias y cosas.

Si eres pobre, no se trata de trabajar hasta medio matarte para apenas poder pagar las cuentas y quejarte de tu patética situación. Se trata de presentarte todos los días con una inmejorable actitud, hacer tu mejor esfuerzo, recargarte, celebrar lo que tienes y trabajar continuamente con la creencia de que el Universo te está mandando una oportunidad más lucrativa.

Si estás soltero, no se trata de llorar por no poder encontrar a alguien que valga la pena u obligarte a ir de malas a un millón de citas. Se trata de mantener tu deseo firme y tu fe intacta; de lavarte los dientes, cepillarte el cabello, salir de la casa, coquetear, ir alegremente por la vida y agradecer que no sólo la persona que buscas te está buscando a ti, sino que el Universo está creando un plan para hacer que se encuentren.

La duda es resistencia, la fe es entrega. La preocupación es resistencia, la felicidad es entrega. El control es resistencia, permitir es entrega. Lo ridículo es la resistencia, creer es entregarse.

**La energía necesita fluir o se estanca.
Entregarte te pone en el flujo.**

No sólo entregarse crea el espacio para satisfacer tus deseos, sino que te abre a vivir experiencias positivas y cosas que por ahora están fuera de tu alcance o hasta conocimiento (milagros, por ejemplo).

Como ya mencioné, cuando te estás moviendo hacia una nueva y maravillosa vida que nunca antes has experimentado, no puedes esperar saber cómo llegarás ahí porque es territorio desconocido, por eso sólo puedes hacer lo que ya sabes hacer y mantenerte abierto a descubrir el nuevo *cómo*. Asimismo, debes estar abierto a que tal vez no sepas cómo verás tu nueva realidad porque nunca la has visto. Sólo puedes visualizar lo que ya es conocido, así que tu increíble y emocionante vida puede estar fuera de tus posibilidades de imaginación y, al aferrarte terca-mente a tu visión exacta de lo que quieres en lugar de entregarte, puedes estar perdiéndote de algo que ni siquiera sabías que es-tabas buscando. A veces tu nueva realidad se verá exactamente como la imaginaste, a veces será completamente diferente (y mucho mejor).

Aquí está la guía básica de cómo entregarte:

- ❋ Sé honesto sobre lo que quieres conseguir
- ❋ Siéntelo, pruébalo, enamórate, confía en que ya está aquí
- ❋ Decide que lo tendrás
- ❋ Hazle saber al Universo tus intenciones, actuando y pen-sando *como si ya lo tuvieras*
- ❋ Medita, crea una conexión infinita entre tu intuición y la Fuente de Energía
- ❋ Entra en un estado de alegría máxima y acción alimentadas por tu pasión
- ❋ Sé agradecido de que sea tuyo, de que ya está aquí
- ❋ Respira, déjalo ir, deja que entre

Cuando crees que todo lo que deseas ya existe, entras a un estado natural de entrega.

Entregarse es dejarse caer de espaldas hacia lo desconocido y con-fiar en que el Universo te atrapará. Esto no puede hacerse desde un lugar de escasez o desconfianza («Muy bien, te estoy dejando ir, ¡pero más te vale que regreses, desgraciado!»), tienes que dar todo de ti y verdaderamente dejarlo ir, debes dejarte caer, tener fe, ser agradecido y esperar. Y ya que te estás esforzando…

ÁMATE A TI MISMO

Y la Madre Naturaleza te llenará de su magia.

CAPÍTULO 26

HACER VS. DECIR

Dios no dejará que su trabajo
sea manifestado por cobardes.

RALPH WALDO EMERSON,
escritor / poeta valiente,
hablador habilidoso y hacedor

Tengo una amiga que tiene la palabra «Duh» tatuada en la parte interna de su bíceps como recordatorio de que todos nuestros momentos brillantes son cosas obvias: «¡El miedo es una elección!», «¡Puedo ser amado!», «¡No te preocupes, sé feliz!». Cada vez que choca las manos con alguien o levanta los brazos para ver si le hace falta rasurarse recuerda cómo lo sublime puede esconderse en lo obvio.

Conoces varias de estas obviedades de las que hablo, las has escuchado o pensado un millón de veces, pero cuando por fin las «entiendes» se convierten en algo que altera tu sentido de la realidad.

Una epifanía es un entendimiento instintivo de algo que ya sabes.

Cuando algo se mueve de nuestros cerebros a nuestros huesos, podemos usarlo para cambiar nuestras vidas.

La pregunta del millón es: ¿lo haremos?

Cuántos años pasa la gente hablando y hablando, recordando los «debí», «pude» y «hubiera», yendo a clases, rondando los congresos y sumergiéndose hasta las narices en la autoayuda hasta que, por fin, si es que ese día llega, deciden HACER algo.

Hay una estadística que dice que sólo el cinco por ciento de las personas que se inscriben a algo, como un curso o congreso, realmente lo usan para hacer algo. Eso incluye algunos muy muy caros, no sólo un curso de economía en una universidad barata. Esto se debe a que muchas personas desean el cambio, lo quieren con todas sus fuerzas y están dispuestos a invertir el tiempo y el dinero necesario, pero al final no están listos para sentirse lo suficientemente incómodos para lograr que algo suceda, lo que quiere decir que no lo querían tanto como decían.

«Lo intenté» es el «pateé traseros» de los pobres.

La gente que es exitosa no sólo está dispuesta a sentirse incómoda, sino que sabe que es probable que se convierta en un hábito si quiere seguir siendo exitosa. Siguen moviéndose a través de cada desafío en lugar de estancarse y quedarse satisfechos. El músculo que necesitas para patear traseros es como cualquier otro músculo, tienes que usarlo o se ablanda. Si tienes un gran logro y te sientes como «Sí, puedo hacerlo. VOY a hacerlo», pero después te sientas a esperar a que tu retrasada oleada de maravillas llegue, perderás toda tu masa muscular y regresarás a ser el malvavisco que eras antes de empezar a ejercitarte.

Mantente en movimiento, sigue creciendo, deja atrás los obstáculos, sigue evolucionando. Cuando llegues al primer nivel, avanza al siguiente y después da otro paso adelante. Cada vez que creces puedes aprender algo nuevo, lo que significa que tienes que sentirte incómodo una vez más, porque cuando llegas a un nuevo nivel, te esperan desafíos que seguro no has experimentado antes. Es la disposición para seguir adelante a pesar de los desafíos, a no esconderte de ellos y a evitar regresar a tu zona de confort, lo que separa a los exitosos de los fracasados.

Nuevo nivel, nuevo demonio.

La vida es moverse hacia delante y evolucionar, o encogerse y morir. Si quieres evolucionar, tienes que enfrentarte a los obstáculos en lugar de huir de ellos. *Los obstáculos y los desafíos son agentes de crecimiento.* Nadie logra crecer y mandar sin enfrentarse a desafíos y superarlos. El parto es sucio, doloroso, aterrador y raro, pero también es un milagro glorioso que trae consigo una nueva vida. Si quieres la nueva vida que dices querer, tienes que poner manos a la obra en vez de sólo estudiar, discutir, desear y querer.

Hace poco tuve una llamada de atención que compartiré con ustedes para que se inspiren a hacer el trabajo necesario y mantengan la fe sin importar lo que suceda. De momento no vivo en ningún lado o podría decir que vivo en todas partes; me deshice de mi casa hace dos años y me he dedicado a viajar desde entonces. Siempre he amado viajar y como lo único que necesito para mi negocio es una computadora, una buena conexión de internet, señal en mi teléfono celular y un sándwich, decidí guardar todas mis cosas en una bodega e irme. Vi esto como una oportunidad para vivir la vida bajo mis reglas, ser la sacerdotisa de la buena vibra, dar brincos cuánticos alrededor del mundo, ver en cuántos idiomas podía aprender a decir: «¿Podría cuidar mis cosas en lo que voy al baño?».

Mi enfoque principal en este momento es dominar la entrega. Quiero tener una fe inquebrantable en lo aún no visto. Quiero estar tan cómoda confiando en el Universo que se convierta en parte de mi naturaleza y así logre brincar hacia el vacío, dejando una estela de pétalos, o al menos hacerlo con mayor elegancia y facilidad. Especialmente ahora que estoy deambulando por el mundo predicando sobre el decidir esto o el dejar ir aquello.

A mí también me gustaría hacer en lugar de sólo contarlo.

La entrega entra en juego seguido, especialmente cuando se trata de averiguar a dónde voy a ir después y dónde me voy a quedar cuando llegue. Mi *modus operandi* es dejarme llevar y confiar en que el Universo me llevará al lugar perfecto en el momento perfecto y me da gusto informarles que nunca me decepciona: después de seguir un repentino y extraño impulso de ir a Tokio (una ciudad que no me interesaba conocer en lo más mínimo), no sólo me enamoré del lugar, sino que encontré un departamento amueblado perfecto que estaba en renta y me lo entregaron en una bandeja de plata, por eso decidí quedarme a vivir ahí un rato. Me llegó una invitación para ir a una casa de campo en España con unos buenos amigos, fue totalmente inesperada y justo cuando estaba tratando de descubrir a dónde ir. En mis viajes me sigo topando, por pura coincidencia, con varios de mis compañeros nómadas a quienes conocí en Bali y nos convertimos en buenos amigos; cada vez que los veo me emocionó: «¿Tú también estás en una diminuta y remota aldea pesquera en medio de la nada vistiendo un *sarong* y llevando el cabello despeinado?».

Aunque mi cósmico agente de viajes me ha comprobado que sabe exactamente lo que está haciendo, me sentía un poco nerviosa por esta última caída. Porque esa vez no era sólo «Mándame a cualquier lugar que se vea bien y en donde me pasen cosas maravillosas, por favor y gracias». Necesitaba encontrar el lugar perfecto para poder escribir este libro. Sólo tenía un mes para entregárselo a mi editora y, mmm, pues me quedaba mucho por escribir, así que estaba un poco nerviosa sobre los *dóndes, qués y cómos*. Estaba en Tokio y mi plan era volar a Los Ángeles, encontrarme con un cliente y después viajar por el oeste estadounidense hasta encontrar una casa en renta completamente amueblada y fabulosa, además de que contara con una hermosa vista con mucho sol para que pudiera concentrarme y trabajar mucho. Me imaginé rodeada de la siempre asombrosa naturaleza, pero cerca de una ciudad en la que vivieran algunos amigos para evitar así la soledad que conduce a los escritores al alcoholismo o, en mi caso, a experimentar cortando mi propio cabello. Si hubiera animales que me hicieran compañía sería la cereza en el pastel, pero todo lo demás no era negociable.

Más o menos dos semanas antes de irme, me puse a investigar en internet sobre casas en renta. Busqué en todos los estados al oeste de Colorado, pero nada estaba disponible. Le pregunté a todas las personas que conocía y a las que no también si tenían alguna idea, mandé correos, mensajes por Facebook, Twitter y de texto, pero nada. Siempre estaba la posibilidad de llegar a un hotel, pero yo quería una casa, y estaba empezando a entrar en pánico por haber esperado hasta el último minuto. Era algo importante, ¡era mi libro! ¡Necesitaba inspirarme y tener una frecuencia alta! ¡Quería levantar la mirada de la computadora y ver por la ventana un asombroso paisaje montañoso, océanos o hasta un campo interminable! Pero si nada llegaba pronto, iba a tener que levantar la mirada y ver a través de la ventana del cuarto en el que crecí y observar a mi madre barriendo la entrada en pantuflas.

Empecé a resignarme ante la posibilidad de haberlo arruinado. En lugar de tener fe en el Universo y esperar con emoción la manifestación de la casa de mis sueños, empecé a menospreciarme y a pensar con lo que me podría conformar. «¿De qué me quejo? Soy afortunada por poder ir a la casa de mi madre. La amo. Además, seguramente comeré lasaña mientras escribo». Entonces, me di cuenta de lo que estaba haciendo. ¿Qué hipócrita sería de mi parte si cediera ante el miedo, me menospreciara, bajara mi frecuencia al pensar en dónde debía escribir mi libro sobre cómo no ser miedoso, no menospreciarse y no bajar la frecuencia?

Tienes que mantener la fe siempre, aun cuando tu trasero esté en peligro.

Así que cuarenta y ocho horas antes de que mi vuelo saliera de Tokio con destino a Los Ángeles, me senté calmadamente a pensar en mi lugar ideal para escribir: visualicé el enorme espacio abierto que veía desde la ventana, sus lujosos y cómodos sillones y la enorme y amplia cocina por la que entrarían los rayos del sol a través de las ventanas; lo sentí en mis huesos, creí que era real, me sumergí por completo, me emocioné y agradecí que ya existiera y que estuviera camino a mí. Entonces, mandé una última tanda de correos masivos preguntando si alguien conocía un lugar en el que pudiera escribir mi libro, me entregué al Universo y salí a celebrar el maravilloso paraíso de escritura que estaba por llegarme con todo y sushi incluido. Cuando regresé a mi cuarto de hotel había un correo esperándome, era de un amigo que conocía a una persona con una casa lista para que la habitara cuanto antes.

Me da gusto decirles que estoy escribiendo esto desde una enorme, lujosa, amplia y magnífica casa con ventanas gigantescas y una vista preciosa, ubicada a una hora de San Francisco en donde viven cinco de mis mejores amigos de la universidad. La casa está sobre una colina y tiene como vista diecisiete hectáreas de cultivos, y puedo quedarme tanto tiempo como quiera, siempre y cuando cuide al precioso caballo y a las dos cabras de los dueños.

Esta. Cosa. Funciona.

Entonces, ¿qué tan serio es tu deseo de no conformarte? Puedes dar un salto cuántico en tu vida ahora mismo. Puedes darle un giro de 180 grados a tu realidad si verdaderamente lo quieres, si quieres aumentar tus ingresos, perder diez kilos o simplemente despertar emocionado por quien eres, en lugar de aguantar el paso de los días hasta que sea hora de un trago. No importa el tipo de mejora que busques, está a tu disposición en este preciso momento.

Sólo tienes que decidirte a hacerlo una realidad, tienes que poner manos a la obra y dejar que el Universo trabaje para ti.

Aquí hay algunos consejos de cómo tomar lo que aprendiste en este libro y cerrar el trato:

1. ALEJA LOS MALOS HÁBITOS

La gente exitosa tiene buenos hábitos, la gente fracasada tiene hábitos de perdedores. Nuestros hábitos son las cosas que hacemos automáticamente, sin pensar, nos ayudan a definir quiénes somos: si tienes el hábito de despertarte temprano e ir al gimnasio todas las mañanas, seguro estás en buena forma; si tienes el hábito de nunca hacer lo que dices, eres irresponsable, y si tienes el hábito de ir a tomar un masaje tres veces a la semana, estás conectado contigo mismo.

Pon atención a las áreas de tu vida que no te gustan tanto, descubre qué malos hábitos ayudaron a crearlas y cámbialos por unos mejores. Fomenta los tipos de hábitos que tienen las personas exitosas: buena administración del tiempo, un buen proceso de toma de decisiones, buenos pensamientos, una mejor salud, mejores relaciones, mejores formas de trabajar, etcétera. Piensa en qué comportamientos tendrían el mayor impacto positivo en tu vida (incluso los tipos de cambios que difícilmente crees que pueden hacerse realidad) y decide convertirlos en buenos hábitos.

¿Cómo se forma un hábito? Decidiéndolo. Hazlo parte de tus actividades diarias. Conviértelo en un ritual y en algo no negociable, como lavarte los dientes o levantarte de la cama. Ponlo en tu agenda. Trabaja en descubrir tus creencias subconscientes y en reescribir tus historias. Si hay algo que has intentado e intentado cambiar, pero no lo has logrado, busca ayuda. Contrata a un *coach* personal, a un maestro, a un entrenador personal; o bien, pídele a un amigo que grafiteé tu casa con la frase «Soy un flojo mantecoso» si no logras tu objetivo de ir al gimnasio cinco días a la semana. No importa lo que tengas que hacer, empieza a desarrollar hábitos exitosos si quieres ser una persona exitosa.

2. RESPIRA ENTRE LA GENTE

Tu poder de superhéroe, es decir, tu conexión con la Fuente de Energía, está disponible las veinticuatro horas del día los siete días de la semana, no sólo mientras estás sentado meditando en bata con las piernas cruzadas. Cuando te acostumbres a callar a tu cerebro y a conectarte con la Fuente de Energía, podrás hacerlo todo el día.

El punto de todo lo que has leído en este libro es que lo uses para mejorar tu vida, no para que tomes un descanso; ve y lee, pero después regresa a tu vida y deja todo lo que hayas aprendido ahí, en el sillón donde estabas leyendo. Querrás llevar contigo todo el día las técnicas de alivio de estrés, de apreciación de vida, de entrega de felicidad, las ganas de tener elevado el ánimo, de establecer tu conexión con la Fuente y tu manera de patear traseros. Y la mejor manera de hacerlo es mediante tu respiración.

Cuando estés atascado en el tráfico, cuando tu jefe te esté gritando, cuando te sientas incómodo en una fiesta, acostado en la playa, caminando por la oficina o tratando de recordar cómo llegar a la casa de tu hermana, tómate un momento para respirar profundamente, despeja tu mente, revisa tu cuerpo, regresa al presente y conéctate con la Fuente de Energía.

Mientras más hagas de esto un hábito a lo largo del día, más cambios profundos y positivos verás en tu vida, tanto emocionales como físicos y, por ende, podrás lidiar mejor con el siguiente patán que esté sentado a tu lado en el restaurante y hable como si estuviera gritando.

3. MANTÉN TUS ESTÁNDARES ALTOS

Júntate con gente que esté pateando traseros y que te haga sentir como un perdedor si no haces lo mismo; en lo personal, obviamente, ese me parece un punto clave. Con quien te juntes afectará muchísimo cómo ves el mundo y las exigencias que te pondrás a ti mismo. Si te juntas con gente que constantemente se queja de lo cansada, pobre o preocupada que está, te sentirás como un héroe con sólo salir de la cama cada mañana. Júntate con gente que viva con propósito, que se enfrente a sus desafíos con una actitud de «Háganse a un lado, tontos», que tenga como pareja a alguien maravilloso, que gane el dinero que quiere ganar (o que esté trabajando para lograrlo) o que esté tomando las vacaciones que hasta tú quieres tomar. Verás que no sólo es posible para ti, sino que te motivará a seguir su camino.

4. PONTE METAS HONESTAS

No decidas que vas a correr diez kilómetros si todavía piensas que caminar a la pizzería de la esquina cuenta como ejercicio. Empieza corriendo medio kilómetro al día y agrega más conforme te hagas más fuerte. La disciplina es un músculo, tienes que fortalecerlo a tu ritmo. Si tratas de hacer más de lo posible al principio, es muy probable que te desanimes rápidamente y te rindas por completo. Establece metas honestas que estén ligeramente fuera de tu zona de confort y construye más usándolas como base.

5. LEE TU MANIFIESTO

Escribe tus metas y cómo se vería tu vida ideal en tiempo presente, sé tan específico como puedas. Dónde vives, con quién vives, qué haces para divertirte, quién te rodea, cuánto dinero ganas, cómo lo ganas, qué le aportas al mundo, qué vistes, etcétera. Hazlo tan maravilloso que no puedas leerlo sin llorar y tengas que bajar el papel cada dos oraciones para recuperar el aliento. Léelo antes de ir a dormir y cada día que despiertes solo, *no estoy bromeando*. Obsesiónate con él. Piensa en cómo estás cambiando tu vida, en quién te estás convirtiendo y emociónate tan seguido como sea posible. Mientras más te enfoques en quién te estás convirtiendo y mientras más te emociones, más rápido harás el cambio.

6. SACA TU TARJETA DE CRÉDITO Y CONSIGUE UN POCO DE AYUDA

Tener a un *coach* personal o a un maestro es tal vez la mejor acción que puedes tomar para tener un cambio importante en la menor cantidad de tiempo. No tanto, pero al mismo tiempo sí, un poco; y no lo digo porque yo sea una *coach* personal y haya visto a mis clientes hacer lo imposible. Lo digo porque yo *fui* entrenada hasta el cansancio y sé cómo cambió radicalmente mi mundo. Piénsalo, los deportistas profesionales trabajan con entrenadores toda su carrera, y no piensan de pronto: «Muy bien, gané ocho millones de dólares pateando pelotas este año, creo que ya puedo hacerlo solo». Siguen siendo entrenados para que puedan seguir creciendo y después mantenerse en su mejor forma.

¿Qué te hace pensar que puedes hacerlo solo (sobre todo si has pasado casi toda tu vida demostrando que no puedes)?

7. INTEGRA TU CUERPO

Tu mente irá a donde tu cuerpo la lleve. Si estás de malas, pero de pronto decides levantarte derecho con la frente arriba, tu estado de ánimo cambiará automáticamente. Por eso, cuando estás en forma y tienes un montón de energía, sientes que puedes enfrentarte al mundo entero. Si verdaderamente quieres mejorar tu vida, deja de ser una vaca floja. Bombea tu sangre, come cosas que te emocionen y te nutran, aumenta la profundidad de tu respiración. Usa tu mente, cuerpo y alma en conjunto para hacer que esto suceda de una vez por todas.

OPCIÓN CORPORAL AVANZADA: Muy bien, sé que esto es muy raro y tal vez no te caiga muy bien, pero lo voy a decir de todas maneras porque funciona. Si verdaderamente quieres ser tan fuerte como una roca, tener una actitud determinante y estar emocionado, tienes que golpearte el pecho, lanzar los puños al aire y gritar tus afirmaciones al mismo tiempo. Grita cosas como: «¡Soy poderoso, confío en que el Universo me protege y voy a patear traseros!». O lo que sea que quieras usar como afirmación. Involucra a tu cuerpo para anclar las palabras físicamente y tus afirmaciones serán mucho más poderosas. La mente y el cuerpo son más poderosos juntos que cada uno por su lado.

8. USA TUS ARMAS SECRETAS

Haz listas de canciones que te emocionen, escucha discos motivacionales, rodéate de imágenes de gente que creas que es maravillosa, usa ropa que te haga sentir sexy e inteligente, baila, grita, golpea tu pecho, ve a correr mientras escuchas el tema principal de *Rocky*, descubre qué es lo que te hace sentir como si pudieras cargar un caballo y hazlo tan seguido como te sea posible. Vas por la medalla de oro, tienes que mantenerte en la Zona.

9. ÁMATE A TI MISMO

Con un agarre de kung fu.

CAPÍTULO 27

SÚBEME, SCOTTY

Nada es imposible, la misma palabra dice «posible».

AUDREY HEPBURN, actriz, ícono, fabulosa

Mi abuela materna vivió hasta los ciento un años. Nana era tan blanca, anglosajona y protestante como era posible: era remilgada, reservada y capaz de evitar una confrontación como si fuera un piloto de un F-16. Desde que la recuerdo, siempre se vio igual. Siempre vistió un suéter, abrochado hasta arriba con un broche antiguo; sus labios siempre estaban pintados de un tono rosa, sus brillantes ojos cafés sobresalían entre una cara llena de arrugas, y cada vez que reía decía: «Oh, Dios».

En su longeva vida, Nana vio de primera mano acontecimientos como el nacimiento del teléfono, el automóvil, la televisión, el primer vuelo humano, la computadora, el internet y el *rock and roll*.

Pero las dos cosas que más le impactaron fueron la llegada del hombre a la luna y las máquinas de refresco en McDonald's. Se quedaba parada ahí, viendo cómo un empleado ponía un vaso, pequeño, mediano o grande debajo de la boquilla, presionaba un botón y se alejaba, dejando que la máquina lo llenara con la

247

medida perfecta. «¿Cómo sabe cuándo detenerse?», preguntaba Nana mortificada. «¿Cómo lo *sabe*?».

Después de que descubrimos cómo clonar una oveja, prácticamente se rindió de cuestionar algo más en su vida.

Un día mi familia la llevó a desayunar al piso más alto de un gigantesco hotel. Cuando entramos al elevador alguien accidentalmente presionó el botón del piso en el que ya estábamos, las puertas se cerraron y volvieron a abrirse en un instante. Pensando que habíamos subido cuarenta y cinco pisos en menos de un segundo, vimos cómo mi dulce abuelita salía del elevador, tocándose el cabello nerviosamente y caminando por el pasillo murmurando: «¿Por qué no?».

Y aquí es cuando me despido, animándote a perseguir tus sueños con la misma creencia de que todo es posible, como si fueras una viejita con calcetines a la rodilla y tobillos sensibles que nació en 1903 y ha vivido por el siglo más tecnológicamente emocionante que ha existido.

Sin importar lo que desees hacer con tu preciosa vida: escribir chistes, ser un *rockero*, empezar un negocio, aprender griego, renunciar a tu trabajo, educar a un montón de hijos, enamorarte, adelgazar, abrir orfanatorios alrededor del mundo, dirigir películas, salvar delfines, ganar millones de dólares o vivir en una cueva vistiendo un taparrabos, cree que es posible, que está disponible para ti y que mereces ser, hacer y tenerlo.

¿Por qué no?

Date el permiso y los medios (eso incluye el dinero) para ser quien quieras ser SIN IMPORTAR LO QUE LOS DEMÁS CREAN O DIGAN QUE ES POSIBLE. No te niegues la vida que quieres por creer que no eres lo suficientemente bueno, que te juzgarán o que es demasiado arriesgado, ¿a quién beneficia eso? A nadie. Cuando vives haciendo las cosas que te emocionan, en las que eres bueno, las que te dan alegría, que te dan ganas de pararte frente alguien y gritar: «¡¡¡Ve esto!!!», caminas tan iluminado que disparas rayos de luz a través de tus ojos. Lo que automáticamente ilumina el mundo a tu alrededor. Esa es precisamente la razón por la que estás aquí: para que tu trasero brille como una ardiente bola de fuego en el mundo. Un mundo que depende de tu luz para sobrevivir.

Eres poderoso. Eres amado. Estás rodeado de milagros.

Cree, verdaderamente cree, que lo que deseas está aquí y está a tu disposición. Puedes tenerlo todo.

ÁMATE A TI MISMO

¡Eres un chingón!

RECURSOS

D ebajo encontrarás una lista de los libros que leí y de los maestros que me enseñaron a pulir mi chingonería. Estos son de mis favoritos de todos los tiempos (y les recomiendo que los lean cuanto antes), pero mi lista está creciendo siempre y evolucionando, así que si quieres tener sugerencias más actualizadas, por favor inscríbete a www.JenSincero.com y te mantendré informado.

LIBROS

Pide y se te dará: Aprende a manifestar tus deseos por Esther y Jerry Hicks.

Este libro es excelente para principiantes. Fue escrito excepcionalmente y no es demasiado largo, habla sobre la Ley de la Atracción a profundidad y cómo manifestar lo que quieres en tu vida. Lo loco es esto: la coautora, Esther Hicks, era un ama de casa común y corriente hasta que empezó a canalizar el espíritu de un hombre llamado Abraham. El libro, así como todo su trabajo, contiene las enseñanzas del tal Abraham, quien quiera que haya sido / sea, pero la información es muy buena. Y Esther es muy divertida en sus grabaciones de video, aunque el libro es mucho más directo. La primera mitad es enseñanza, la segunda es práctica.

Los cuatro acuerdos: Una guía práctica para la libertad personal por don Miguel Ruiz.

Bueno, corto, basado en la sabiduría pasada al autor de sus ancestros toltecas. Habla sobre las cuatro cosas que tienes que hacer para tener una vida maravillosa: sé impecable con tus palabras, no sientas que todo es un ataque a tu persona, nunca asumas nada y siempre esfuérzate al máximo. Definitivamente vale la pena leerlo, ya que expone algunas simples pero profundas verdades que sin duda cambiarán tu vida positivamente si las sigues. Además, se ve muy bien en tu mesa.

El juego de la vida y cómo jugarlo por Florence Scovel Shinn.

Este libro habla constantemente de la Biblia y Jesús, pero es fácil de amar, seas religioso o no, porque está lleno de lecciones espirituales y muchas historias antiguas. El estilo de escritura es amigable y sientes que te habla tu abuela, pero en lo personal amo la simplicidad y lo bien que sus historias ilustran de lo que está hablando. Es corto, directo y tajante, como si te sentaras con una abuelita que quiere explicarte cómo son las cosas.

El poder del ahora por Eckhart Tolle.

Si eres nuevo en lo del Ego (o el Gran Bodrio) y quieres entender bien la naturaleza transformativa de estar presente, esta puede ser tu Biblia. Te desafía a ver el mundo desde una perspectiva nueva y hace un muy buen trabajo para ayudarte a entender algunas teorías muy profundas sobre la realidad, el tiempo y la perspectiva. Este es otro en donde la locura está muy elevada: Eckhart era suicida, listo para hacerlo, hasta que despertó una mañana iluminado, transformado y en un estado de absoluta gracia, pasó los siguientes dos años sentado en la banca de un parque, jugando con su labio (no estoy bromeando), después canalizó este libro.

Como un hombre piensa, así es su vida por James Allen.

Este es, increíblemente, sobre la poderosa mente y cómo usarla para mejorar tu mundo. Considerando que si puedes verdaderamente dominar esta habilidad puedes crear la vida más maravillosa de la historia, leer este libro una y otra vez hasta que sea parte de ti es tiempo bien invertido. Es un libro muy viejo escrito hace muchos años, pero sigue siendo extremadamente citable y sigue siendo pertinente hoy en día.

El hábito de la creatividad: Aprende a usarlo en la vida por Twyla Tharp.

Escrito por una seria y mundialmente reconocida coreógrafa, Twyla Tharp, este libro es una de las palizas más fuertes que me han dado para que ponga mi vida en orden. Como el título lo sugiere, se trata de crear buenos hábitos, lo que, aunque no hagas nada más, cambiará tu vida por completo. Está lleno de historias, consejos y mano dura. Es uno de mis favoritos, porque ella me asusta un poco.

Perdiendo la virginidad: Cómo he sobrevivido, me he divertido y he ganado dinero haciendo negocios a mi manera por Richard Branson.

Este libro es fantástico, lo terminé en una sentada. Richard Branson, fundador de Virgin Records y Virgin Airlines, está loco y es una de las personas más motivacionales con dos piernas en mi opinión. Aquí se detalla su vida desde que empezó su pequeña tienda de discos hasta ser uno de los empresarios más famosos y radicales, comprar su propia isla y volar en globos aerostáticos aprovechando las corrientes de viento. Me encantaría salir de fiesta con este hombre.

NOTA IMPORTANTE SOBRE LAS BIOGRAFÍAS: Enlisté la biografía de Richard Branson porque es una de mis favoritas, pero casi cualquier biografía / autobiografía de la gente que te inspire vale la pena ser leída. Podría enlistar setenta más aquí, pero tal vez no encuentres la vida o los logros de, digamos, Dolly Parton o Eleanor Roosevelt tan emocionantes y motivacionales como yo. Recomiendo fuertemente que te tomes el tiempo para leer los libros de la gente que te motiva porque es una de las mejores maneras de inspirarte a cambiar tu vida.

Intuición práctica por Laura Day.
Considerada desde hace mucho tiempo la maestra líder en intuición, Laura Day ha trabajado con todos, desde empresarios poderosos, *hippies*, celebridades, analistas financieros y hasta amas de casa. Es la reina de enseñarle a la gente cómo acceder a su intuición para poder tomar decisiones más informadas y diseñar vidas más auténticas. Este libro contiene todos sus secretos y consejos probados para conectarte con tu GPS usando ejercicios y casos de estudio.

Las siete leyes espirituales del éxito: Una guía práctica para la realización de tus sueños por Deepak Chopra.
Me encanta cuando no tengo que leer mucho para recibir la información que quiero y saber con anticipación qué tanto trabajo voy a tener que hacer para llegar a donde quiera ir. El buen Deepak separa el éxito en siete pasos fáciles de seguir, basados en principios espirituales. Es uno de mis favoritos de todos los tiempos por su pequeño tamaño y consejos potentemente profundos. Contiene información sumamente espiritual y poderosa en pedazos muy digeribles y presenta claros ejercicios que puedes usar en tu vida diaria para lograr lo que quieras.

Tú puedes sanar tu vida por Louise Hay.
Louise Hay es una pionera de la autoayuda moderna que se curó a sí misma de cáncer, usando sus altamente elogiados principios de amor propio, y ahora tiene su propio imperio completo con

una casa editorial y todo. Este libro es de mis favoritos, aunque sea SUPERPOSITIVO, lleno de afirmaciones y melosidad general, pero en el siempre crítico punto del amor propio; no hay nada mejor que esto. El fondo del libro se trata sobre el cuerpo y cómo todas nuestras lesiones y enfermedades pueden ser trazadas a patrones de pensamientos negativos. Así que, si te rompes la pierna, puedes ver que se trata de un miedo a seguir adelante (o algo así, no confíen mucho en mí) y encontrar una afirmación de parte de Louise para sanarte. Tengo un amigo que se sanó completamente de algo que los doctores no entendían sólo leyendo este libro y haciendo lo que dice.

Cómo crear dinero por Sanaya Roman y Duane Packer.
El título de este libro puede ser engañoso porque se trata de mucho más que de dinero, pero como la mayoría de las personas quieren tener dinero, la buena noticia es que lo tomarán y tendrán más de lo que esperaban si lo leen y hacen lo que dice. Si bien sí te enseña a crear dinero, también da una guía clara sobre la meditación, manifestación, cómo trabajar con la energía, encontrar claridad, etcétera. Todo eso contribuye a la manifestación de dinero, así como todo lo demás, en tu vida. Es fácil de leer y entender, tiene ejercicios sencillos, así como conceptos profundos detallados. Es un gran libro para principiantes y también uno que me gusta tener cerca para recordarme siempre conceptos importantes, así como para una realineación.

La ciencia de hacerse rico por Wallace D. Wattles.
La primera oración de este libro hizo que lo cerrara y no lo volviera a tocar por años. Dice: «Sea lo que se diga a favor de la pobreza, la verdad es que no es posible llevar una vida realmente plena o exitosa sin ser rico». ¿Hola? ¡¡Qué tan asqueroso es eso?! Ofendió mi corazón de *hippie* hasta que entendí lo que verdaderamente estaba diciendo: «Um, la verdad es que no se puede, no si quieres expresarte por completo». Con «rico» lo único que

quiere decir es que tengas todo lo necesario para compartir tus regalos con el mundo y mantenerte en la vibración más alta posible mientras lo haces, como sea que eso se vea. Este se ha convertido en el libro que más le recomiendo a las personas y uno que leo una y otra vez. Pero debes aprender a dejar ir porque si no va a ser un dolor en el trasero si no has resuelto tus problemas con el dinero.

Piense y hágase rico por Napoleon Hill.
Este es el otro gran candidato al premio «Mejor libro de consciencia monetaria de toda la historia» y otro antiguo. Se me olvidó mencionar que el libro de Wallace Wattles es bastante viejo, pero eso lo debieron de haber adivinado por su nombre. Como sea, Napoleon Hill entrevistó a los empresarios más exitosos de su tiempo para recolectar toda la información necesaria para esta increíble guía. Este es otro libro que leo una y otra vez. Es muy directo, patea traseros y desglosa todo en instrucciones simples y fáciles de seguir. Haz lo que dice (hazlo todo) y te sentirás enorme y al mando.

Encuentre su propia estrella polar: Reclame la vida gozosa y feliz que está destinado a vivir por Martha Beck.
He escuchado a Martha hablar, he leído sus trabajos y amo su voz: es fresca, brillante e hilarante. Este libro es maravilloso, te lleva de la mano por los pasos necesarios y unas muy buenas preguntas que te ayudarán a encontrar la claridad y guía que buscas. Ha tenido un instituto de *coaches* personales durante años y es una de mis favoritas dentro del campo.

Llegando al acepto: El secreto para tener relaciones saludables por la doctora Patricia Allen.
Estoy casi segura de que le arranqué la tapa a este libro antes de cargarlo por todas partes, pero a pesar de su absolutamente imperdonable título, hay varias revelaciones sobre la naturaleza de

los hombres y de las mujeres y cómo afrontamos las relaciones de maneras diferentes. Escrito para mujeres por alguien que ha entrenado a miles de parejas felices en relaciones de largo plazo, este libro está lleno de conocimiento y consejos de cómo encontrar y tener la relación de tus sueños. Como con todo lo demás, seguramente habrá partes con las que no estés de acuerdo (es como una estricta madre cristiana cuando habla del sexo), pero tiene información valiosa y vale la pena que tanto hombres como mujeres lo lean.

Amar lo que es: Cuatro preguntas que pueden cambiar tu vida por Byron Katie.

¡Lee este libro! Te lo exijo. Es el Santo Grial para ser feliz en tus relaciones. Basándose en lo que Katie llama «el Trabajo», que es en pocas palabras hacerte cuatro simples, pero profundas, preguntas, este libro pasa diez páginas llevándote por los pasos del Trabajo y después 200 en casos de estudio. Es como si vieras a Katie hacer su magia en todo tipo de personas, gente que ha sido violada violentamente, gente que ha perdido hijos, gente con matrimonios felices. Ella los lleva a través de su proceso hasta que encuentren la paz y libertad. Es maravilloso. Y el Trabajo es muy fácil. Cuando lo leas, te recomiendo que primero leas los casos de estudio y después hagas el Trabajo en ti mismo, en vez de al revés. Ver lo que hace una y otra vez te permitirá tener mejores resultados cuando lo intentes por tu cuenta.

El camino del hombre superior: Una guía espiritual para dominar los desafíos de las mujeres, el trabajo y el deseo sexual por David Deida.

Este libro está escrito para un hombre, pero las mujeres deben leerlo también si realmente quieren saber cómo funcionan los hombres. Creo que es brillante, fascinante y explica TANTO del sexo opuesto que me hizo respetar a los hombres aún más. Habla sobre, y explica, la versión más alta de la masculinidad, nos recuerda a nosotras las chicas por qué amamos tanto a los hombres y les recuerda a los hombres lo maravillosos que son/pueden ser.

SEMINARIOS

PAX — ALLISON ARMSTRONG

Tomé uno de sus brillantes seminarios para mujeres llamado «Entendiendo a los hombres, celebrando a las mujeres»; hablaba sobre la diferencia entre los sexos y me tenía en el suelo, ¿cómo llegue hasta aquí sin saber nada de esto? Pensé que estaba muy bien desarrollado y para nada cursi. Sólo fui a ese seminario, pero también disfruté mucho de sus grabaciones y he escuchado muy buenas cosas de sus demás talleres.

THE HOFFMAN INSTITUTE

Bien, este sí es del tipo de «Debes de estar bromeando». Aquí tienes que golpear almohadas con bates al mismo tiempo que gritas tan fuerte como te es posible. Te casas contigo mismo, le cantas canciones de cuna a tu niño interior, de ese tipo de cosas que hace que la mayoría de las personas salgan corriendo. Era tan exagerado que no podías hacer más que dejarte llevar, ¿qué más me quedaba? Afortunadamente, este seminario es guiado por increíblemente dulces y habilidosas personas que también tienen un gran sentido del humor sobre lo que te están pidiendo. Pasas una semana entera en seminarios sin parar y buscando en tu pasado y creencias limitantes para dejarlas ir. Es como una depuración completa de creencias limitantes. Lo amé tanto como lo odié y lo recomiendo muchísimo. Fue brillante y transformativo (y la comida estuvo increíble).

Otros buenos congresistas que vale la pena investigar son Martha Beck, Esther Hicks, Marianne Williamson, Byron Katie, Wayne Dyer, David Neagle, Deepak Chopra y Gabrielle Bernstein.

ÍNDICE